박시백의 조선왕조실록

13

효종·현종실록

일러두기

2024 어진 에디션은 정사 《조선왕조실록》을 바탕으로 한 이 책의 특징을 드러내고자
어진과 공신화에서 모티브를 얻어 박시백 화백이 새롭게 표지화를 그렸다. (표지화 인물: 효종)

박시백의
조선왕조실록

The Veritable Records of
the Joseon Dynasty

13

The Veritable Records of
King Hyojong and Hyeonjong

효종·현종실록

Humanist

머리말

　　　　외환위기가 한창이던 때였다. 어쩌다가 사극을 재미있게 보게 되었는데 역사와 관련한 지식이 너무도 부족한 자신을 발견하게 되었다. 그도 그럴 것이 젊은 날에 본 역사서는 근현대사가 대부분이었고, 조선사에 대한 지식이라고는 중·고교 시절에 학교에서 배운 단편적인 것들이 거의 전부였다. 당시 나는 신문사에서 시사만화를 그리고 있었다. 다행히 신문사에는 조그만 도서실이 있었는데, 틈틈이 그곳에서 난생처음 조선사에 대한 여러 책을 접할 수 있었다.

　　　　조선사, 특히 정치사는 흥미진진했다. 거기에는 우리에게 익숙한 수많은 역사적 인물의 신념과 투쟁, 실패와 성공의 이야기가 있었고,《삼국지》나《초한지》등에서 만나는 극적인 드라마와 무릎을 치게 하는 탁월한 처세가 있었다. 만화로 그리면 재미있겠다는 생각이 들었다. 몇 권 더 구해 읽다 보니 한 가지 궁금증이 생겼다. 어디까지가 정사에 기록된 것이고 어느 부분이 야사에 소개된 이야기인지가 모호했다. 이 대목에서 결심이 섰던 것 같다. 조선 정치사를 만화로 그리자, 그것도 철저히《실록》에 기록된 정사를 바탕으로 그리자.

　　　　곧이어 다니던 신문사를 그만두고《국역 조선왕조실록 CD-ROM》을 구입했다. 돌이켜보면 참 무모한 결심이었다. 특정한 출판사와 계약한 것도 아니고,《실록》의 한 쪽도 직접 본 적 없는 상태에서 작업에 전념한다는 미명 아래 회사부터 그만두었으니. 내 구상만 듣고 아무 대책 없는 결정에 동의해준 아내에게도 뭔가가 씌웠던 모양이다. 궁궐을 찾아 사진을 찍고 화보자료를 찾아 헌책방을 기웃거렸다. 1권에 해당하는 부분을 공부한 뒤 콘티를 짜기 시작했다. 동네를 산책하면서도 머릿속에서는 항상 그 시대의 인물들이 이야기를 주고받고 다투곤 했다. 어쩌다 어떤 인물의 행동이 새롭게 이해되기라도 하면 뛸 듯이 기뻤다.

마침내 펜선을 입히면서 수십 장이 쌓인 뒤 처음부터 읽어보면 이게 아닌데 싶어 폐기하기를 서너 번, 그러다 보니 어느새 1년이 후딱 지나가버렸다. 아무런 결과물도 없이 1년이 흘렀다고 생각하니 슬슬 걱정이 차오르기 시작했다. 이러다간 안 되겠다 싶어 100여 장의 견본을 만들어 무작정 출판사를 찾아가기로 했다. 그렇게 견본을 만든 후 몇 군데에서의 퇴짜는 각오하고 출판사를 찾아가려던 차에 동료 시사만화가의 소개로 휴머니스트를 만나게 되었고, 덕분에 다른 출판사들을 찾아가지는 않아도 되었다.

이 만화를 그리며 염두에 둔 나름의 원칙이 있다면 이랬다.
첫째, 정치사를 위주로 하면서 주요 사건과 해당 사건에 관련된 핵심 인물들의 생각과 처신을 중심으로 그린다.
둘째, 《실록》의 기록을 바탕으로 하면서 학계의 최근 연구 성과를 적극 고려하고 필자 스스로도 적극적으로 해석에 개입한다.
셋째, 성인 독자들을 주된 대상으로 삼되, 청소년들과 역사에 관심이 남다른 어린이들이 보아도 무방하게 그린다.

흔쾌히 출판을 결정해준 휴머니스트 김학원 대표와 책이 나오는 데 애써준 휴머니스트 식구들에게 감사드린다. 그리고 언제나 곁에서 응원해주고 적절히 비판해주는 아내와 사랑하는 두 딸! 고맙다.

2003년 6월

세계기록유산은 모두의 것이며,
모두를 위해 온전히 보존되고 보호되어야 하며,
문화적 관습과 실용성을 충분히 인식하여
모든 사람이 장애 없이 영구적으로 접근할 수 있어야 합니다.

The world's documentary heritage belongs to all,
should be fully preserved and protected for all and,
with due recognition of cultural mores and practicalities,
should be permanently accessible to all without hindrance.

—〈유네스코 '세계의 기억' 프로그램의 목표〉 중에서

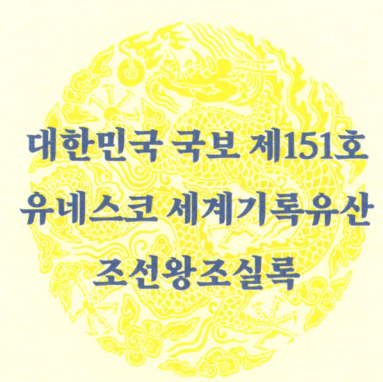

대한민국 국보 제151호
유네스코 세계기록유산
조선왕조실록

진실성과 신빙성을 갖추고
25대 군주, 472년간의 역사를 6,400만 자에 담은
세계에서 가장 장구하고 방대한 세계기록유산.
세계인이 기억해야 할 위대한 유산
《조선왕조실록》의 세계로 초대합니다.

차례

머리말 4
등장인물 소개 10

제1장 산당의 집권

봉림대군 14
떠오르는 산림, 지는 자점 18
줄 잇는 청사(淸使)들 25
친청파의 몰락 32

제2장 북벌의 길?

정통성 콤플렉스 40
군주 효종 50
군사력을 강화하다! 57
나선 정벌과 하멜 일행의 표류 63

제3장 효종과 산당

산당에 대한 경계 72
양송에게 전권을 맡기다 78
북벌의 실체 1 86
북벌의 실체 2 95
김육과 대동법 104

제4장 기해예송

논쟁의 시작 112
허목의 기년복 비판 118
송시열의 반론 122
윤선도의 상소 126
여진은 이어지고 132

제5장 왕권 회복의 길

현종의 이미지와 실제 140
송시열과 그의 적들 150
산당과의 투쟁 162
송시열을 향하는 예봉 169

제6장 위기의 산당

뒤집힌 예송 182
현종의 생각은? 190
곤욕의 세월, 재난의 시대 197

작가 후기 206
《효종·현종실록》연표 208
조선과 세계 215
The Veritable Records of the Joseon Dynasty 216
Summary: The Veritable Records of King Hyojong and Hyeonjong 217
세계기록유산,《조선왕조실록》 218
도움을 받은 책들 219

등장인물 소개

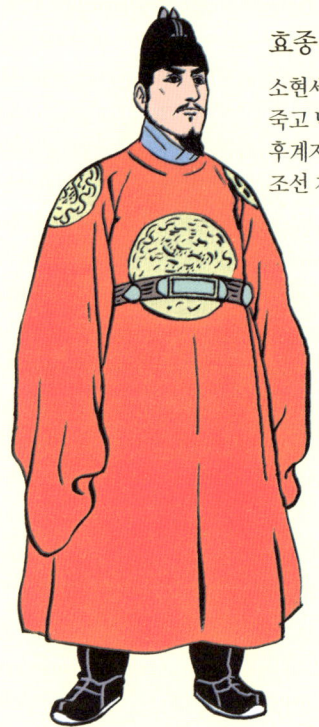

효종
소현세자가 죽고 난 뒤 후계자가 된 조선 제17대 임금.

숭선군　　**귀인 조씨**

자의대비
(장렬왕후)
그녀가 입을 상복을 둘러싸고 두 차례 예송 논쟁이 벌어진다.

현종
조선 제18대 임금으로 왕권 회복을 위해 지속적으로 산당과 싸운다.

송시열과 송준길
산당의 리더로 양송이라 불린다.

김육
대동법의 확대 실시에 진력한다.

김자점
친정파의 수장으로 역모를 꾀하다 발각돼 죽는다.

원두표

허적
남인 영수로 현종 말년에
왕의 가장 큰 신임을 받는다.

헨드릭 하멜
표류한 네덜란드인.

이경석
효종 초 영의정.

김좌명

허목
그의 상소로 기해예송이
본격 전개된다.

김집
김장생의 아들로
초기 산당의 영수.

윤휴
예송 문제를
처음 제기한다.

정태화

윤선도
그의 상소로 예송은 본격
정치투쟁으로 비화한다.

김수홍
산당계 인사로
영의정의 자리에 있다가
예송으로 유배된다.

서필원

돈암서원
김장생의 학문과 덕행을 기려 인조 12년(1634)에 세운 서원으로 충남 논산시 연산면에 있다.
김장생의 문하들은 산당을 이루어 효종, 현종 시기에 집권당으로 강력한 권력을 행사했다.

제1장

산당의
집권

봉림대군

소현세자와 봉림대군은 함께 심양에서 인질 생활을 했고,

청나라가 중원을 차지하는 과정을 현장에서 지켜보았다.

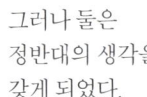
그러나 둘은 정반대의 생각을 갖게 되었다.

청이 지배하는 새 질서를 인정하지 않을 수 없어. 이들의 발전된 면은 배우고 받아들여야 조선의 미래가 열려.

오랑캐들아! 언젠가는 네 놈들에게 당한 수모를 갚아주마.

삼전도의 치욕을 겪어 청나라라면 이를 가는 인조는 분개하여

뭐야? 세자가 오랑캐들과 친하게 지낸다고?!

빠득

소현세자를 제거한 뒤

반청의식이 투철한 봉림대군을 세자로 세웠다는 게 효종의 즉위를 설명하는 통설이다.

이 대목은 소현세자가 귀국해 부왕을 알현하는 자리에서 왕이 던진 벼루에 맞았다는 야사의 이야기와 맞물리며 더욱 그럴싸하게 받아들여졌지만,

제12권에서 보았듯이 우선 인조가 청이라면 이를 갈았다는 이야기는 사실이 아니다.

절개를 지킨 김상헌이나

청나라 연호 쓰기를 거부하고 벼슬을 꺼리는 유자들을 고깝게 바라보았다.

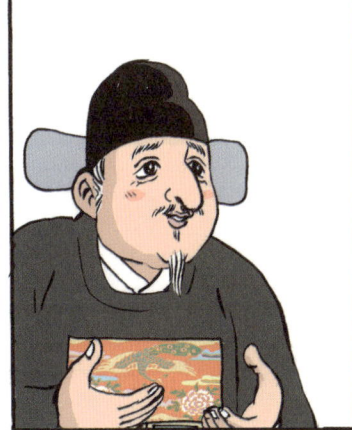
반면 대표적인 친청파 인사인 김자점을 총애했다.

그리고 소현세자를 미워한 것도 그가 복수심을 잃고 원수와 친하게 지낸대서가 아니라 이런 이유에서였다.

사정이야 어쨌든 형과 조카의 몫이었던

후계 자리를 차지하게 된 봉림대군.

일단 《실록》에 비친 그는 강개하고 용맹스럽다.

강화도에서는 직접 결사대를 조직해 대항해보려고도 했고,

심양에서는 형의 호위병을 자처했다고 한다.

"산해관 공격에 세자 저하도 동행할 것을 요구했다고 들었는데, 제가 대신 가면 안 되겠습니까?"

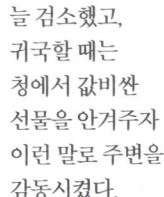
늘 검소했고, 귀국할 때는 청에서 값비싼 선물을 안겨주자 이런 말로 주변을 감동시켰다.

"고맙지만 이런 건 내게 필요 없소. 이에 값할 만큼의 조선인 포로들을 주셨으면 하오."

갑작스럽게 세자가 된 뒤로는 몸가짐이나 말 한마디까지 행여 구설에 오를세라 무척 조심했다.

술도 끊었다.

그리고 보위를 이을 경우를 대비해 나름의 공부와 구상에 전념했으리라.

마침내 1649년 31세의 나이로 봉림대군은 조선의 제17대 임금이 되었다.
그는 과연 어떤 임금이었나?

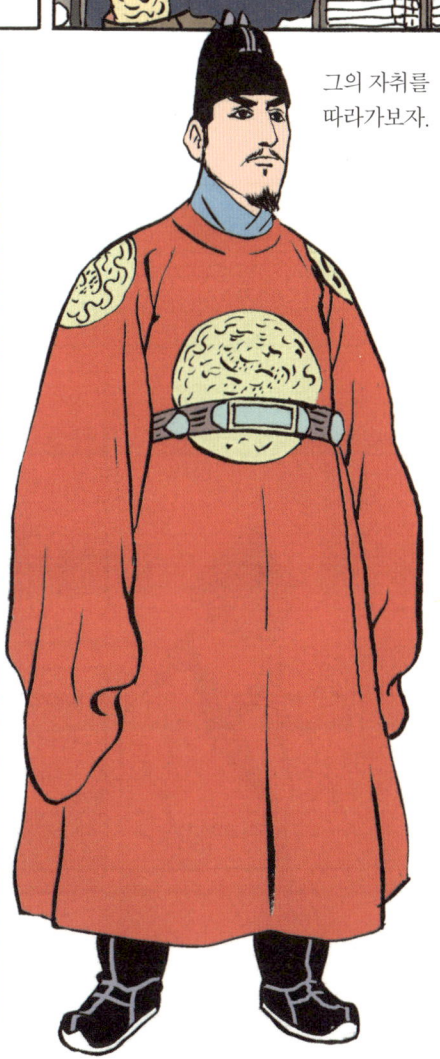
그의 자취를 따라가보자.

떠오르는 산림, 지는 자점

* 체직(遞職): 어떤 사람을 맡고 있는 벼슬에서 해임하고 그 자리에 다른 사람을 임명함.

제1장 산당의 집권 23

김자점의 아들 김식은 경기 일원의 가까운 무장들을 만나 규합하는 한편,

역관 이형장을 정명수에게 보내 도움을 청했다.

결과적으로 정명수에게 구원을 청한 일은 패착이 되고 만다.

도성 안에 이런 소문이 퍼졌고,

대간의 거듭된 처벌 요구에도 응하지 않던 왕이 마침내 이런 명을 내리고 만 것.

줄 잇는 청사(清使)들

조선 측에서 구혼에 응하자 나머지 문제들은 쉽게 풀렸다.

제1장 산당의 집권

* 표문(表文): 황제에게 올리는 글.

친청파의 몰락

사내는 대궐을 찾아 고변하는 길을 택했다.

저의 장인인 조인필이 김자점과 비밀스럽게 왕래하는데, 그 정상이 아무래도 의심스럽습니다.

그렇게 김자점의 옥사는 시작되었다.

퉤 퉤

사건의 주모자인 김식이 선선히 자복했다.

제가 수원 부사 변사기, 광주 부윤 기진흥, 안효성 형제 등과 모의해 원두표와 산인들을 죽이려 했습니다.

저들이 저의 아비를 죄에 얽어 넣었으므로 이런 일을 꾀한 것입니다.

처음엔 지난해 봄에 거사하려 했는데 아비가 배소로 가고 우리 형제도 외지로 보임되어 연기했습니다.

김식의 아우 김정

성상께서 그때 참으로 현명한 조치를 취하셨던 거로군.

그러게 말이오.

크게 득세했던 친청파는 김자점의 죽음과 함께 완전히 몰락했다.

김자점의 옥사가 있기 훨씬 전에 김집, 송시열, 송준길 등은 이미 시골로 돌아갔지만,

달라진 것은 없었다. 조정에는 이제 친청파가 남아 있지 않았고,

"혹시 친청?"
"예끼 이 사람!"

김집과 양송을 믿고 따르는 세력이 조정의 중심 세력으로 자리 잡았기 때문이다.

그리고 이후로도 오랫동안 조선은 청나라에 항복했고, 청나라의 예속 아래 있으면서도 반청 세력이 집권하는 기묘한 양상이 계속되었다.

"원나라가 지배할 땐 친원파가,"
"일제강점기엔 친일파가"
"해방 이후엔 친미 세력이 득세했는데…"

그리고 청은 이를 문제 삼지 않았다.

병영성
헨드릭 하멜 일행은 병영성에서 살다가 일본으로 탈출했다. 돌이 세로로 비스듬히 쌓인 병영성의 담은
우리의 전통 담과는 다른 모양을 하고 있는데, 하멜 일행이 네덜란드 방식으로 쌓은 것이라 한다.
전남 강진군 병영면 소재.

제2장

북벌의
길?

정통성 콤플렉스

광해군을 설명하는 키워드가 중립외교라면

효종을 표현하는 키워드는 북벌이다.

대군 시절부터 반청의식이 투철했던 효종은

즉위하자마자 복수설치를 지상과제로 삼고

복수설치 復讐雪恥
복수를 해서 치욕을 씻는다.

재위 내내 이를 위해서 분투했다는 게 정설이다.

펄럭 펄럭 北伐

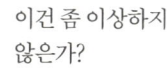

즉위했을 때의 효종은 이미 31세의 장성한 나이였고,

격변의 시대에 8년 동안 이역 땅에서 갖가지 경험을 한 인물이다.

그뿐인가? 형과 형수의 목숨을 앗아가고,

조카들까지 하루아침에 비참한 운명으로 내모는 정치의 비정함도 지켜보았다.

안팎의 정세가 어떤지, 할 수 있는 것과 없는 것이 무엇인지를 알 만큼 나이도 경험도 있었다는 이야기다.

이러지 않고서야

그렇게 섣불리 행동했을까?

북벌을 위해서가 아니라면 효종은 도대체 무엇 때문에 산림을 끌어들였을까?

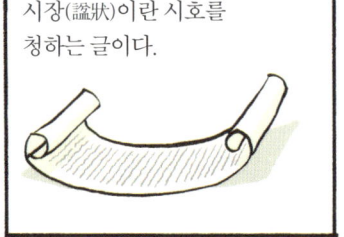

전 영의정 윤방의 아들 윤신지는 인조 18년에 아비가 죽자

당대의 문장가 이식에게 청해 시장을 받았다.

그런데 나라에 여러 사건이 이어지면서 차일피일하는 사이에 이식도 죽고 말았다.

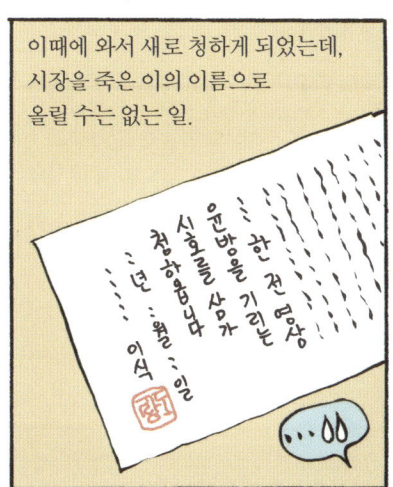
이때에 와서 새로 청하게 되었는데, 시장을 죽은 이의 이름으로 올릴 수는 없는 일.

그래서 조익에게 다시 부탁하게 된 것이다.

조익은 이식이 지은 글에 한두 구절만 고치고 그대로 옮겨 썼는데,

'강빈'이라는 표현을 고치지 않고 그대로 옮겨 쓰는 실수를 저지르고 만 것이다.

그해 겨울,
저주의 일을 벌인
귀인 조씨와
무당 앵무가
사형에 처해지자

사헌부가 아뢰었다.

신생을 처벌하면 강빈옥사의 주요 근거가 사라지고, 소현세자의 아들들을 제주로 유배한 명분 또한 없어지게 된다.(제12권 200~201쪽 참조)

* 구언(求言): 재변 등 나라에 큰 일이 있을 때 임금이 신하와 선비 들에게 기탄없는 의견을 구하는 것.
* 전지(傳旨): 임금의 뜻을 관리들에게 전함.

* 참람(僭濫): 행동이나 말이 분수에 맞지 않게 너무 지나침.

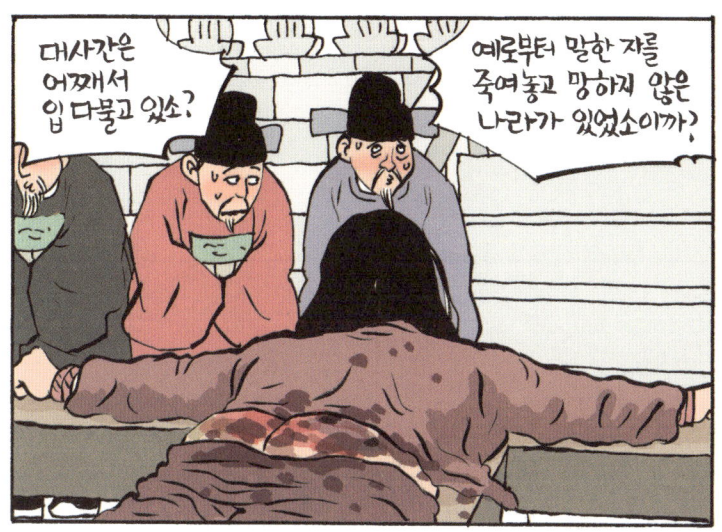

군주 효종

그래놓고도 그들은 과거의 문제를 직시하고 해법을 모색하는 대신에 과거의 체제를 더욱 강화하는 길로 나아갔다.

힘이 약해 금수와도 같은 오랑캐들에게 무릎을 꿇었지만 정신만은 무너지지 않았다고 자위했다.

그 때문에 왕은 유자들이 요구하는 성실한 군주의 모습을 갖추려고 많은 노력을 기울였다.

왕은 바로 이 유자들과 정치를 해야 했다. 또한 그들로부터 정통성도 인정받아야 했다.

힘이 있거나 나이가 있는 왕이면 으레 피하려 했던 경연에도 끝까지 열심히 임했다.

침실의 휘장, 옷차림 하나까지 검소함이 묻어났다.

후원에서 논다는 소문 한 번 없었고,

세자 때 끊은 술은 죽는 날까지 다시 입에 대지 않았다.

이 정도면 거의 구도자의 삶인데…

기질적으로 말하면 좀 다혈질인 데다 여느 왕 못지않게 단호한 면도 있었지만,

혈기에 치우친 것이 나의 흠이야.

비판 상소에는 웬만하면 이렇게 답했다.

그대가 진언하는 정성을 가상히 여기노라. 내 어찌 유념하지 않겠는가?

한마디로 유자들에게 책잡힐 일은 거의 하지 않은 군주였다.

왕으로서의 사명의식도 투철했다. 부임하는 지방관은 꼭 만나 해야 할 임무 등을 주지시켰고,

재위 내내 각지에 암행어사를 파견해 민생을 살피고

어사들의 감찰 보고에 따라 수령들에게 상벌을 내렸다.

김육의 건의를 받아들여 대동법을 충청지방으로 확대했으며,

특별히 군사력 강화에 힘을 쏟았다.

군사력을 강화하다!

효종이 가장 관심을 기울인 분야는 군사부문이다.

관심만 컸던 게 아니라 안목도 뛰어났다.

군대의 규모를 늘렸고,

이완을 어영대장, 훈련대장으로 삼으면서 정예화하기에 힘썼다.

틈나는 대로 춘당대를 찾아 무재를 관람했고,

정시영이라는 자가 부정출발해서 기를 뽑아가지고 왔다.

1등 먹었

환궁하고 나서 왕이 명했다.

내 듣건대, 병법에 이르길 북을 치면 백만의 군사가 앞을 가로막고 있어도 물러갈 수 없고 징을 치면 금은 보화가 산처럼 쌓여 있어도 나아갈 수 없다고 했다.

이는 다름이 아니라 군령이 엄한 것을 두려워하기 때문이다.

열무 때 영을 어긴 정시영을 효시해 군법의 엄함을 알리도록 하라!

제2장 북벌의 길? 61

이에 신하들이 나서서 선처를 호소했지만,

경들은 서생이니 어찌 군법을 알겠는가?

우리나라의 군율은 엄하지 않아 이처럼 놀라고 괴이하게 여기는 것이다.

…… 라며 들어주지 않았다.

이 같은 군사력 강화에 대한 관심과 노력은 북벌의 강력한 근거로 이야기된다.

그런데 가만히 들여다보면 제반 조치들의 상당 부분이 병자호란을 염두에 둔 것 같은, 말하자면 방어에 역점을 둔 듯한 인상을 준다.

북방 요로에 축성?

강화에 진과 보루?

남한산성에 식량?

재침을 받으면 북로에서 좀더 버텨 시간을 벌고 강화와 남한산성에서 제대로 장기항전 하겠다는?

나선 정벌과 하멜 일행의 표류

이 시기 조선은 그동안 알아왔던 이웃들과는 다른 외부 세상을 접하게 된다.

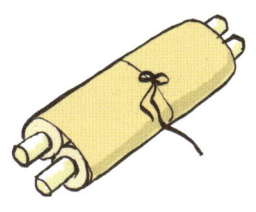

효종 5년, 청사가 와서 예부의 자문을 전했다.

조선에서 조창을 잘 쓰는 사람 1백 명을 선발해 보내서 우리 장수의 지휘를 받게 하시오. 나선을 정벌하려 함이오.

나선이라면?

영고탑 인근 별종들입니다.

'나선'은 러시아를 말한다. 이때 러시아인들은 흑룡강 일대로 진출해 경제활동을 하면서 청과 충돌을 일으키고 있었다.

그럽시다. 파병하지요.

조선은 변급을 대장으로 삼아 조총수 100명을 비롯해 150명을 파병했다.

총 22일에 걸쳐 2,400여 리를 행군하여

강에서 적선을 만났다.

조선군이 선봉에 서시오!

이 작은 자피선을 타고서 저들의 큰 배를 막을 수 있겠습니까?

하긴…

청군 300명, 왈합군 300명(현지 부족군), 조선군 150명은 강변 언덕으로 올라가 진을 쳤다.

조선군이 포격을 개시하자

러시아 배들은 대응도 제대로 못 해본 채 도주했다.

나선인들은 남녀 400여 명 정도 돼 보였습니다.

정규군은 아니었던 모양이군.

4년 뒤, 청은 다시 파병을 요구해왔다. 이에 조선은 조총수 200명 등 265명을 보냈다.

이때의 조·청 연합군은 2,500명이 넘는 규모로 전투선단도 구비했다.(《실록》에는 파병에 응했다는 것 외에 2차 정벌에 대한 기록이 없다.)

제2장 북벌의 길? 65

싸움은 수전으로 전개되었다. 함포 사격과

근접 총격전 끝에

러시아군은 궤멸에 가까운 타격을 입고 간신히 도주했다.

대승이었다. 이때는 아군 측도 피해가 상당해서 조선군 7명이 전사했고, 청군의 전사자 수는 100명이 넘었다 한다.

조선군은 정예병답게 포 사격에서나 조총 사격에서나 뛰어난 솜씨를 보여주었다.

대만을 거쳐 일본으로 가던 네덜란드 선원들이 표류한 것은 효종 4년의 일이다.

선원 64명 중 28명은 익사하고 36명이 제주 해안에 표류했다.

제주 목사의 보고를 접한 조정은 이미 표류해와 조선인으로 살고 있던 네덜란드인 벨테브레(조선 이름 박연)를 보내 이들의 신상과 표류된 사유 등을 조사한 뒤

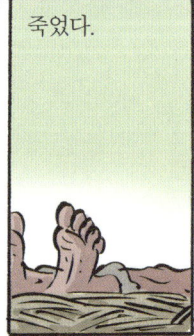

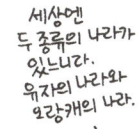

괴산 송시열 유적
우암 송시열의 유적. 화양서원 터와 만동묘 터를 중심으로 암서재, 읍궁암, 애각서적, 묘소와 신도비 등 송시열과 관련된 사적들로 구성되어 있다. 충북 괴산군 청천면 소재.

제3장

효종과
산당

산당에 대한 경계

산림을 중심으로 하는 집권 서인 세력은 우율종사(우계 성혼과 율곡 이이의 문묘 종사)를 중대 과업으로 삼았다.

"이 일만 되면"

"조광조, 이황에 이어 우계 선생님과 율곡 선생님께서 동방 이학의 정통으로 공인받는 셈."

"그리 되면 두 선현을 따르는 우리 서인이 진정한 사림의 적통이 되는 거지."

인조 때도 몇 차례 청했으나 윤허 받지 못한 일. 효종 즉위년 겨울, 성균관 유생들이 다시 청했다.

"이이, 성혼 선생을 문묘에 종사하시어…"

중대한 사안이 있으면 유생들에서 시작해 대간이 이어받아 공론화하고

"그리 하소서!"

대신들이 나서서 청해 확정하는 게 기본 수순이다.

"다들 원해 마지 않는 일이오니…"

그런데

"엥? 이게 뭐야?"

이에 반대하는 경상도 유생 유직 등의 상소가 올라왔다.

분개한 집권 서인은 상소한 유생들을 유적에서 삭제하고 정거 조치해버린다.

그 직후, 이번에는 경상도의 서인계 유생들이 이이, 성혼을 옹호하고 유직 등을 비판하는 상소를 올렸다.

그러자 경상도의 남인계 유생들이 몰려가

그들의 집을 허물고 고향에서 추방해 버렸다.

＊유적(儒籍): 유학을 공부하는 선비의 가계와 학통, 학업 따위를 기록하던 장부.
＊정거(停擧): 유생에게 일정 기간 동안 과거를 못 보게 함.

이렇듯 우율종사 문제는 서인과 남인의 날카로운 대립을 불러왔다.

이에 대해 왕은 중립적인 양했지만

실상은 명백한 반대 입장이었다.

사람들은 이제 그들을 산당이라 불렀다.

산당은 언론 삼사의 다수를 점했고

왕이 이들을 견제하는 데 활용한 세력은 김육처럼 현실 정치에서 잔뼈가 굵은 서울, 경기 쪽 인물들이었다.

특히 김육은 김집이 대동법을 반대하여 자신과 틀어지자 송시열까지 나서서 스승 편을 드는 것을 보고

이 산림처사들에게 회의적이었다.

서인으로서 뿌리는 함께하나 산당과는 경향을 달리하는 이들은 한당이라 불렸다.

* 청반(淸班): 언론 삼사나 춘추관, 이조전랑 등 품계는 낮지만 주목받는 자리로, 이를 거치면 고위직으로 올라가기 쉬웠다.

양송에게 전권을 맡기다

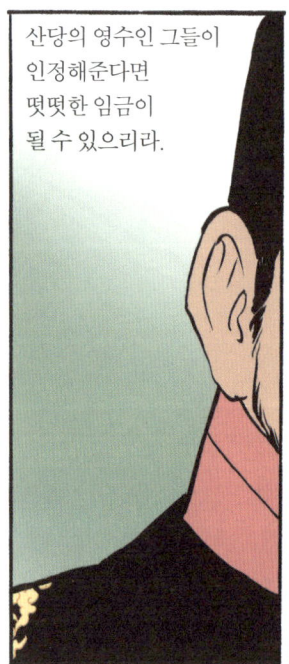

산당의 영수인 그들이 인정해준다면 떳떳한 임금이 될 수 있으리라.

때문에 아니꼽고, 그들의 힘에 경계심을 갖게 되면서도

그보다 훨씬 더 그들의 인정, 곧 벼슬을 받아들일 것을 절실히 원했던 것이다.

효종 7년, 83세로 김집이 죽었다.

이제 명실상부하게 송시열과 송준길, 양송이 산당의 리더가 되었다.

효종 8년, 송시열은 치세에 대한 의견 상소를 올리는데, 별첨 책자만 열 몇 권이 되는 분량이었다.

별첨 책자 중 일부분이다.

삼가 듣건대 오늘 한 줄기 정통이 중국의 남녘 외진 곳에 붙어 있다고 합니다. 모르겠습니다만 전하께서는 고려가 송나라에 했던 것과 같은 일을 이미 하시고도 비밀에 부쳐 사람들이 모르고 있는 건지, 만일 그러셨다면 하늘의 노여움은 저절로 그치고 백성의 마음도 저절로 기뻐하게 될 것이므로 우리나라가 잘 되리란 희망이 있는 것입니다만 그러지 않으셨다면 대륜이 훼손되고 대의가 무너졌는데도 하늘이 도와주고 백성이 심복하는 일은 있지 않을 것이옵니다.
만 리 길 거센 파도에 소식을 전하기는 어렵겠으나 정성이 있으면 미칠 수 있는 법이옵니다.
신이라도 이를 전하기 위해 갔다가 파도에 휩쓸려 설령 죽는다 해도 무궁한 영광일 것이옵니다. (다만 병 때문에…)
:

그 밖에도 별첨 책자들은 백성을 기르고 병사를 양성할 것,

백성이 원망하고 괴로워하는 것은 부역이 번거로운 때문이고 부역이 괴로운 것은 절약하지 않은 때문, 절약하여 이를 가지고 병사를 양성하고 …

마음을 함양하고 공부에 힘쓸 것, 사치하지 말 것 등을 다루고 있다.

비현실적인 정세 판단에 책상 앞에서 나온 관념적인 대책들, 혹은 뻔한 이야기들.

그러나 왕은 매우 기뻤다.

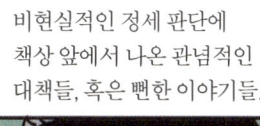

어쨌든 예전의 상소들과는 뭔가 느낌이 달라. 아주 많이.

그렇다면 혹시 이제 조정에 나올 준비가 되었다는 뜻?

＊대륜(大倫): 사람이 지켜야 할 큰 도리.

기쁨에 겨운 왕은 언제든 만나기를 청하면 만나주었고,

건의하는 일은 무엇이든

귀 기울여 들어주었다.

지난 세월에 대한 송시열의 평가는 인색했다.

이에 대한 왕의 응답에는 조금의 서운함도 묻어나오지 않는다. 자책과 함께 이렇게 원인을 진단한다.

한마디로 그대들 같은 인재가 없었기 때문이라는 진단이다.

왕은 양송에게 힘을 몰아준다.

6조 판서, 3정승 위에 양송이 있는 격이었다.

어느 날은 송시열을 따로 불러 사관과 승지 없이 독대하기도 했는데, 외부에서는 무슨 말이 오고 갔는지 몰랐다.

제3장 효종과 산당 85

북벌의 실체 1

이 문제를 해결하지 않고서는 백성의 힘을 기를 수 없고

북벌에 필요한 군사력 강화에도 한계가 따를 수밖에 없었다.

군역이 바로잡혀 군사 재정이 넉넉해야

병력을 증강하고 무기도 현대화하지

우리의 사기도 오르고.

그나마 양송이 추천한 인물인 유계가 이 문제의 심각성을 인식하고 나름의 대책을 제시했다.

~~~ 신이 살펴보건대 오늘날 군정의 폐단이 백성을 괴롭히는 고질이 되니 실로 눈물 나고 마음 아프게 할 일들이 많으나 일일이 아뢰어 전하의 마음을 거듭 아프게 할 수는 없사옵니다. 그러나 이 군포 징수만은 너무 무거워 백성의 피와 땀을 다 짜내는 데다 노인, 약자, 도망자, 죽은 자의 세금까지 탕감하지 않고 부담시켜 같은 문중의 겨레붙이나 이웃 사람들이 혹독한 피해를 당하고 있으니 이런 경우는 실로 고금천하를 통해 봐도 일찍이 없던 폐단이옵니다.
  ~

삼가 바라옵건대 군정 가운데 도망자, 죽은 이, 노인, 약자에게 군포를 걷는 일은 전액 면제하시고 보병이 바치는 베 두 필은 한 필로 감하소서.
그리하여 끊어지려는 백성의 목숨을 이어주고 이미 흩어진 백성의 마음을 단단히 묶어 흩어지지 않게 한 뒤에야 국가의 명맥이 이어질 것이옵니다.

예전 조종조 때엔 사대부의 자제, 서얼로서 장정이 된 남자 모두 귀천을 막론하고 각기 위(衛)에 소속되었기 때문에 백성의 뜻이 안정되고 민역이 균등하였사옵니다.

그런데 요즘은 시골 선비까지 위에 소속되는 것을 부끄럽게 여겨 잡인, 천역들만 가득하옵니다.

이제라도 성지를 내리시어 '똑같이 하늘이 낸 백성인데 문벌 있는 사람들만 유독 편안함을 누려야 할 이치가 없고 줄어드는 양민 장정만 일방적인 희생을 당하게 할 순 없다' 라고 뼈저리게 깨우쳐주소서.

그리하여 위로는 벼슬아치부터 진사, 유학, 서얼로서 허통된 자까지 60세 이하 아내가 있는 자들은 모두 베 한 필씩 바치게 하소서.
  ~

이상에서 보듯 적어도 《실록》의 기록만으로 보면 송시열이 북벌의 한 축이었다는 게 믿어지지 않는다.

오히려 북벌에 무관심했다는 표현이 더 어울릴 성싶은데

어째서 '효종+송시열=북벌'이라는 등식이 만들어진 걸까?

등식을 만든 강력한 근거는 효종과 송시열의 단독 만남, 곧 기해독대에(정확히는 그 기록에) 있다.

당시에는 무슨 이야기가 오갔는지 아무도 몰랐지만

뒷날 송시열이 그 내용을 공개한다.

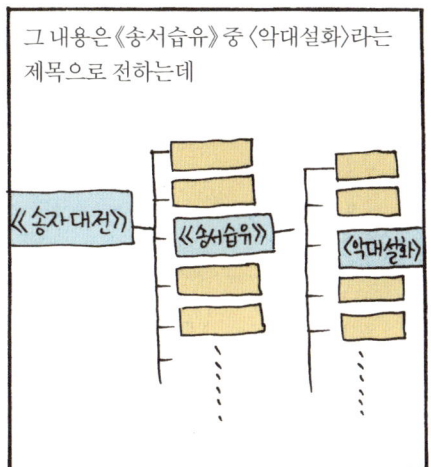

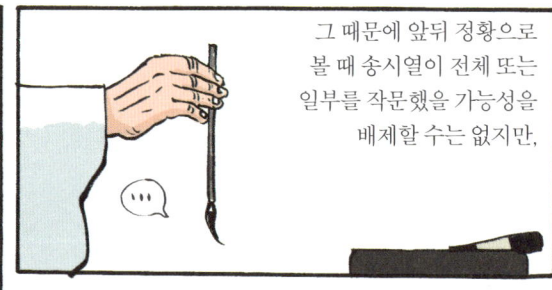

송시열이 공개한 독대의 내용 일부를 들여다보자.

아마 곧장 관으로 쳐들어가는 일은 그리 어렵지 않을 것이오. 저들은 무비(武備)를 힘쓰지 않아 요동과 심양의 천 리 길에 활을 잡고 말을 타는 자가 전혀 없으니 우리가 쳐들어가면 무인지경에 들어가듯 할 수 있을 것이오.

또 하늘의 뜻을 헤아려보건대 우리의 세폐를 저들이 모두 요동과 심양에 쌓아두고 있으니 아마도 다시 우리의 물건이 되게 하려나 보오.

그리고 우리나라에서 잡혀간 수만 명의 포로가 그곳에 구류되어 있으니 어찌 내응하는 자가 없겠소? 오늘의 일은 과감성 없이 하지 못함을 걱정할 뿐 성공이 어렵다는 데 대해선 걱정하지 않아도 될 것이오.

전하의 뜻이 이와 같으시니 우리나라뿐만 아니라 실로 천하 만대의 다행이옵니다. 그러나 제갈량도 능히 성공하지 못하고서 '마음대로 하기 어려운 것이 세상사다'라고 말한 바 있나이다.

만에 하나 차질이 생겨 오랑캐에게 나라가 망하게 되면 어찌 하시렵니까?

그것은 경이 나를 시험하려는 말이오… 하늘이 내게 준 자질이 그리 용렬하지 않은 데다 나로 하여금 일찍이 환란을 당하게 하여 나의 능하지 못한 면을 능하게 해주었고 나로 하여금 궁마와 전진(戰陣)의 일을 익히게 하였으며

나로 하여금 저들 속에 들어가 저들의 형세와 지리를 익히 알게 하였고 나로 하여금 그곳에 오랫동안 있게 하여 두려워하는 마음을 없게 하였소.

나는 이 일을 성사시키기 위해 10년을 기한으로 삼고 있는데 10년이면 내 나이 50이 되오. 10년 안에 이루지 못한다면 나의 지기가 점점 쇠해 가망이 없을 것이오.

나는 주색을 끊고 경계하여 가까이 하지 않은 결과 늘 정신이 맑고 몸도 건강해졌으니 어찌 앞으로 10년을 보장할 수 없겠소? 하늘이 내게 10년의 기간을 허용해준다면 성패와 상관없이 한번 거사해볼 계획이니 경은 은밀히 동지들과 의논해 보오.

제3장 효종과 산당

과연 북벌에 대한 의지가 뜨겁게 표출된 독대 기록이다.

그런데 여기서도 왕만 홀로 적극적이지

송시열은 무척 소극적인 모습이다.

송시열은 사실 당시 대부분의 사대부처럼 북벌을 실현 불가능한 일로 생각했다.

현실과 이상은 다르지

그런데도 북벌의 기치를 내려놓지 않은 것은 산당의 정치적 정당성을 높이고 자신의 지도적 지위를 공고히 할 수 있는 위력적인 구호였기 때문이리라.

이리 되면 결국 북벌은 효종의 단독 기치가 되고 만다.

북벌의 실체 2

송시열의 언급에서도 효종의 북벌 의지는 확인된다.

그 밖에도 이런 식의 표현들이 더러 보인다.

그런데 정작 《효종실록》에는 위의 양송이 소개한 것 같은 구체적인 언급이 실려 있지 않다.

북벌과 관련한 구체적인 논의나 명령도 보이지 않는다.

이로 미루어보면 누구나 북벌 의사를 믿을 정도의 이야기가 효종의 입에서 여러 차례 나왔던 것은 분명하나

공식적인 의제에 올리지는 않았던 것임을 짐작할 수 있다.

그런데 왕은 항상 기꺼운 낯으로 송시열을 대했고, 어느 날에는 이런 모습까지 보였다.

이쯤 되고 보니 근본적인 의구심이 인다. '과연 효종은 진정으로 북벌을 추진했던 것일까?'라는.

북벌을 입증하는 그간의 주장들을 하나하나 돌이켜보자.

청나라에 대한 적개심에 불타는 인조가

친청적인 소현을 제거하고(미워하고) 반청적인 봉림을 택했다(좋아했다)는 이야기는 명백히 오류다.

북벌을 위해 산림을 끌어들이고, 김자점 등 친청파를 제거했다는 해석에도 문제가 있다.

북벌을 위해 군사력 증강에 힘을 쏟았다지만, 그 대부분은 정벌보다는 방어에 주안점을 둔 인상을 풍긴다.

송시열과의 10개월도 북벌과는 거리가 멀다.

또 한 가지 간과해서는 안 될 것은 청이 조선의 움직임을 손금 보듯 들여다보고 있었다는 사실이다.

이런 정황 아래서 모두 실현 가능성이 없다고 생각하는 북벌을 효종 혼자서 가슴에 품고 추진했을까?

혹 효종은 북벌을 꾀한 것이 아니라 북벌을 추진한다고 믿게끔 제스처만 취한 건 아닐까?

효종으로서는 자신의 정통성을 인정받기 위해 자신이 즉위해야 했던 당위성이 필요했다.

소현세자가 줄 수 없는 것,

나아가 소현세자보다 자신이 보위를 이은 게 더 낫다고 여겨질 만한 그 무엇을 보여주어야 했다.

북벌의 대의에는 공감하나 현실성이 없다고 본 송시열로서는 원칙론을 고수할 수밖에 없었다.

"먼저 몸을 닦으신 연후에…"

송시열을 머물러 있게 하는 것이 목적인 효종으로서는 그의 속내를 모르지 않았겠지만, 기꺼이 호응했다.

그렇다면 독대에서 보인 열변은 어떻게 보아야 할까?

"자! 함께 북벌로 갑시다!!"

우선 독대를 통해 송시열의 권위를 더욱 높여주고,

"송시열!" "송시열!" "송시열!"

북벌을 매개로 동지적 관계를 구축하려 한 듯하다.

"이제 송시열은 쉽게 떠날 수 없게 되지. 나는 오랜 콤플렉스로부터 해방되고."

나아가 강경한 북벌 주장을 폄으로써 송시열과 산당에 대해 정치적 주도권까지 확보하려 한 게 아닐는지.

북벌을 반대할 수 없는 송시열로서는 사실 속수무책이었다.

효종 사후 송시열은 이날의 독대와 북벌 이념을 정치적으로 이용하지만, 생전에는 거꾸로 효종이 북벌과 독대를 자신의 입지를 강화하기 위해 이용했다는 것이 필자의 판단이다.

효종의 실제 목표는 이런 정도가 아니었나 싶다.

이렇게 본다면 그는 북벌에 매달린 이상주의자가 아니라 왜란, 호란을 겪고도 문약(文弱)에서 헤어나지 못하는 조선을 무(武)의 기치를 세워 개조하려 한 매우 현실적인 개혁군주였다 할 것이다.

북벌? 좋지! 할 수만 있다면. 하지만 우선은 제 한몸은 지킬 수 있는 작지만 단단한 나라를 세워야 할 것이야.

김육과 대동법

효종 2년에 충청지역에서 먼저 실시하게 된다.

방납 끝, 대동법 시작!

와

그리고 몇 해가 지났다. 관가나 부호들에게서 불평도 나왔지만

아랫것들을 위한 법이라니 말이 되나?

내 말이!

대체로 좋다는 분위기.

진작 했어야 되는 디. 안 그류?

그런 소리 말어유. 아직도 안 하는 데가 많아유.

이에 김육은 호남으로의 확대 실시를 강력히 청한다.

… 어떤 사람은 백성은 모두 원하지만 수령들이 싫어하니 시행할 수 없다고들 합니다. 그러나 호남 백성의 수는 헤아릴 수 없이 많고 수령들은 불과 50여 명밖에 안 되는데 어떻게 50여 명이 싫어한다는 이유로 수많은 백성이 바라는 바를 안 할 수 있겠습니까?

현재 본도에서 1결에 거둬들이는 쌀이 60여 두인데 (대동법으로) 10두만 거둬들이면 백성에겐 부담이 다섯 배나 감소되지만 국가의 쓰임엔 부족함이 없으니 무엇 때문에 시행하지 않는단 말씀입니까?

충청의 수령들도 처음엔 모두 이를 시행하지 않으려 했으나 시행한 지 두어 해 만에 시골 백성이 칭찬하고 개들조차 관리를 보고 짖지 않으므로 인접해 있는 도에서 크게 부러워 하는 상황이 되었나이다.

10두를 제하면 모두 백성이 먹을 양곡이니 구휼의 방안으로도 이보다 좋은 것이 없다 하겠습니다.

이 일은 신이 평소 늘 주장해온 바입니다. 지난번에도 말하고 오늘날에도 또 말하고 있으니 죄를 면하기 어려울 것이옵니다.

그러나 죽을 날이 얼마 남지 않아서 다시금 은혜를 갚거나 정성을 바칠 길이 없으므로 비록 위로는 임금께 죄를 짓고 아래로는 조정의 비웃음을 산다 해도 신으로선 돌아볼 겨를이 없나이다.

"예송 논쟁에 앞서 미리 알아두면 좋을 내용들입니다."

	《의례》	《오례의》
자식이 부모를 위해	3년복 - 아비를 위해선 참최 3년복 - 어미를 위해선 재최 3년복	3년복
부모가 장자를 위해	3년복 - 장자가 죽으면 적차자를 후사로 정하고 역시 장자로 명명한다. - 그 아래 예외가 되는 4가지.	기년복
부모가 중자를 위해	기년복	기년복
부모가 장자부(큰 며느리)를 위해	기년복	기년복
부모가 중자부를 위해	대공복	대공복

녹우당
전라남도 해남군에 위치한 윤선도의 고택이다.
일생을 서인 정권과 맞싸우며 거의 야인으로 살았던 윤선도는 고향에 은거하며 주옥같은 문학작품을 남겼다.

제4장

기해예송

논쟁의 시작

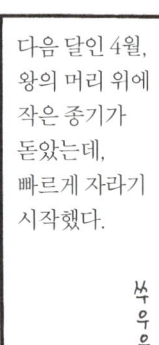

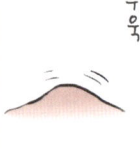

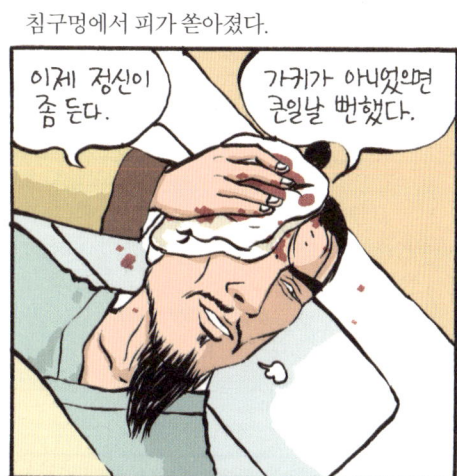

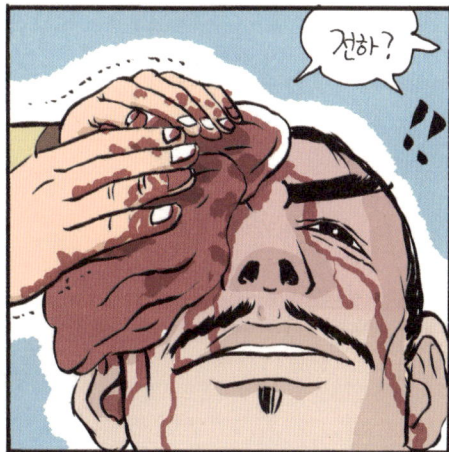

이제 막 정통성 문제가 해결의 기미를 보이던 차였다.

그런데 효종은 죽고 나서도 오랫동안 편치 못했다. 관의 크기가 맞지 않아 앞에서 본 대로 이어붙인 관을 써야 했다.

장지를 처음 정한 곳은 수원으로, 윤선도가 강력 추천했고,

술관들도 동의했다.

그러나 산당을 필두로 대신들도 반대하면서

결국 건원릉 구역에 묻혔다.

그런데 오래지 않아 석물에 틈이 생기고 기울어지는 일이 발생했다.

개수와 보수를 하고 나면 또 문제가 생기기를 여러 차례.

결국 현종 14년에 이르러

"문제가 생기지 않는 해가 없으니 이제는 근본적인 대책을 강구하셔야 할 줄 아옵니다."

오늘의 자리인 여주의 세종대왕 능 옆으로 천장되었다.

공교롭게도 이름도 같은 영릉이다.

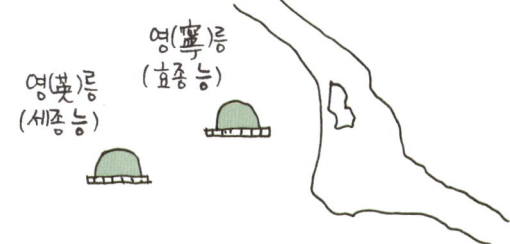

영(寧)릉 (효종 능)
영(英)릉 (세종 능)

그리고 효종의 정통성 문제와 직결되는 개국 이래 가장 치열한 논쟁이 벌어진다.

머시라 정통성?

효종보다도 다섯 살이 어린 인조의 계비 자의대비(장렬왕후)가 효종의 상에 어떤 상복을 입을 것인가에 대한 논쟁이었다.

"혹자는 3년복을 주장하고 혹자는 기년복(1년복)을 주장하는데 어찌해야 하올는지요?"

제4장 기해예송 115

정이나 체가 아님 (正而不體)	적손으로 가통을 잇는 경우
체이나 정이 아님 (體而不正)	서자로서 후사가 되는 경우
정이면서 체 (正體)	적자나 폐질이 있어 가통을 이룰 수 없는 경우
정도 아니고 체도 아님 (不正不體)	서손이 후사가 되는 경우

처신의 달인답게
정태화가
대안을 내놓고
송시열이 동의하여
대비의 복은
기년복으로
정해졌다.

＊국제(國制): 조선 자체의 제도로, 여기선 《오례의》에 명문화된 제도를 이름.

허목의 기년복 비판

＊최복(衰服): 부모나 조부모 상 때 상제가 입는 삼베로 만든 옷.

이런 전례를 알기에 대신들은 기년복이면 충분하다고 생각했다.

"자식을 위해 3년복을 입은 전례가 없어요."

"부모를 위해서도 진짜 3년복은 입지 않았는데."

그러나 바야흐로 예론이 숭상되는 보수화의 시대. 효종이 죽고 10개월이 넘게 지난 현종 1년 3월,

장령 허목이 올린 한 장의 상소가 일대 파란을 몰고 온다.

"신은 시골로 내려온 이후 대왕대비께서 기년복을 입으신 걸 알았습니다. 초상 때라 너무 황급한 나머지 예를 의논한 여러 신하가 실수를 했던 것인지요?"

"《의례》의 〈부위장자(父爲長子)〉전(伝)에 이르기를, '왜 3년을 입는가? 위로 하여 정체(正体)이기 때문이고 앞으로 전중(伝重: 가통의 계승자)이 될 것이므로 그러하다'고 하였습니다. …
적자에서 적자로 이어질 때 그를 일러 정체라 하고 3년을 입으며, 중자(衆子)로서 계통을 이은 자도 또한 같습니다.
:"

"효종대왕께서 인조대왕의 둘째 장자로 이미 종묘를 이으셨으니 대왕대비께서 효종대왕을 위해 3년복을 입어야 함은 의심할 바 없는데 지금 강등해서 기년복으로 정하고 말았습니다.

대저 3년복은 아비를 위해 입는데 이는 아비가 지극히 높기 때문이고,
임금을 위해 입는데 임금이 지극히 높기 때문이며, 장자를 위해 입는데 이는 그가 조(祖), 부(父)의 정통을 이을 사람이고, 또 그가 앞으로 자기를 대신해 종묘를 맡을 사람이므로 그것을 중히 여겨 3년복을 입는 것입니다."

송준길이 급히 반박 상소를 올렸다.

* 유신(儒臣): 유학을 잘 아는 신하.
* 연제(練祭): 아버지보다 어머니가 먼저 돌아가신 경우, 원래 죽은 지 1년 만에 지내는 소상(小祥)을 한 달 앞당겨 지내는 제사. 여기서는 어머니인 자의대비보다 먼저 죽은 아들인 효종의 소상을 말한다.

허복이 즉각 재반박했다.

장자를 위해 3년복을 입는 까닭은 정체이기 때문이고 전중이 되기 때문입니다.
따라서 첫째가 죽으면 적처 소생의 둘째를 후사로 삼고 역시 장자라 명해 3년복을 입어준다는 조항은 있지만 준길이 말한 첫째를 위해 3년복을 입으면 둘째 장자를 위해선 3년을 입지 않는단 기록은 경전에 없습니다.
…
무엇보다 중요한 것은 조, 부를 잇는 정체이지 꼭 첫째여서 3년을 입는 것이 아닙니다.
…
효종대왕은 인조대왕의 적자이고 이미 종묘를 이어받고 일국의 임금이 되었는데 지금 그의 상에 3년 복제를 쓰지 않고 복을 낮춰 기년으로 한다면
그것은 체이부정이기 때문입니까?
정이부체이기 때문입니까?
아니면 전중이되 정체가 아니기 때문입니까?

다시 대신들의 의견을 구했더니

판중추부사 원두표가 허목 지지로 돌아섰고

허목의 소를 보니 그 근거가 모두 경전에 기록된 것들이옵니다.

그런데 어찌 다른 의논을 내겠나이까?
불학무식의 폐해가 이리도 클 줄 몰랐나이다.
지금이라도 바로잡으소서.

시중의 분위기도 허목 쪽으로 기울고 있었다.

그래, 가통을 이으니 장자가 특별한 거지.

아무래도 3년복으로 바꿔야 할 것 같아.

송시열의 반론

허목의 상소는 산당 진영의 내부도 흔들어놓았다.

그렇다면 '장자가 죽고'라고 할 때 대체 언제 죽었단 것입니까? 이미 성인이 되고 죽어서 아비가 그를 위해 참최 3년을 입었는데 또 차적자를 세워 장자라 명하고 그가 죽으면 다시 참최 3년복을 입는단 것입니까?

그럼 이통은 없다, 이참은 않는다(不貳斬)는 의의는 어찌 되는 것입니까?

아니면 어린 나이에 죽어 신주도 만들지 않고 상복을 입지 않았을 때 차적자를 후사로 내세워 차장자라 하고 그가 죽으면 3년을 입는다는 것입니까? 후자라면 허목의 설은 정론이 될 수 없습니다.

또 '주소'에 이르기를 서자는 첩자의 호칭이나 둘째 이하도 같이 서자로 명명한다 하였으니, 그렇다면 효종 대왕이 인조 대왕의 서자라 해도 무관한 일입니다. 이때의 서(庶)란 곧 중(衆)의 뜻이기 때문입니다.

이 두 가지에 대해 신은 의심스러워 감히 결정을 못 내렸는데 지금 허목은 조금의 의심도 없이 단안을 내렸으니 그것이 다만 그 '주소'에 의해 그렇다는 것인지, 아니면 다른 서적에 고증 자료가 있는지 허목에게 물으면 알 수 있을 것입니다.

또한 차장자를 세우고도 3년을 입는다 하고서 그 아래에 서자는 승중을 해도 3년을 입지 않는다 하여 두 설이 모순되기 때문에 허목이 꼭 서자를 첩자로 단정하고 차장자를 넣지 않았는데, 차장자가 서자가 아란 기록을 찾아내야만 허목의 상소대로 여를 수 있습니다.

허목은 '둘째가 승중해도 기년을 입는다'란 기록이 예경에 없는 것만 알고 '첫째가 성인이 되어 죽어도 승중한 둘째를 위해 역시 참최를 입는다'는 기록이 없는 것은 모르고 있는데 어째서 하나는 고집하고 하나는 버리는 것입니까?

＊불이참(不貳斬): 참최는 두 번 입지 않음.
＊승중(承重): 조상의 제사를 이어받음.

만약 제왕은 즉위하면 당연히 정통이 되어야 하므로 효종대왕께서 종묘 사직을 맡았으니 3년으로 정하지 않을 수 없다고 한다면 이 역시 그렇지 않습니다.

그렇게 친다면 꼭 차적자뿐이겠습니까? 비록 첩의 소생이라 해도 모두 3년상을 할 수 있는 것 아니겠습니까? …

또 만약 대왕의 상에는 아낙네라도 반드시 참최를 입어야 하기 때문에 대왕대비께서도 3년을 입어야 할 것이라 한다면 이 또한 그렇지 않습니다. …

지금 효종대왕께서는 대왕대비께 군신의 의리가 (효종이 대군 시절 대비는 이미 중전이므로) 있는데 대왕대비께서 도리어 신하가 임금복을 입는 복으로 한다면 또한 의심이 가는 설입니다.

오늘 다투고 있는 것은 다만 차적자라도 통틀어 서자라 할 수 있는지 여부와 할 수 있다고 한다면 당연히 기년복을 입어야 하는지 여부를 가리는 것뿐입니다.

대왕대비께서 소현세자의 상에 인조대왕과 함께 이미 장자의 복을 입었다면 그것은 오늘에 와서 어떻게 바꿀 것입니까?

윤선도의 상소

적통을 이어받은 아들은 할아버지와 '체'가 되는데 아버지가 적자의 상에 참최 3년을 입는 것은 자식을 위해서가 아니라 조종, 적통을 이어받았기 때문입니다.
효종대왕의 상에 대비의 복제가 3년복이 되는 것은 지극히 당연한데 당초 기년으로 정해지자 모두 해괴하게 생각했습니다.

장령 허목이 예경을 상고해 한 장의 소를 올렸다고 들었을 때 신은 참으로 나라에 사람이 있구나 싶어 기뻐하였습니다···

시열로서는 마땅히 이황이 기대승이 공박한 설을 듣고는 눈이 휘둥그레지면서 종전의 견해를 바꾸고는 '내가 기아무개가 아니었다면 천고의 죄인이 됨을 면치 못할 뻔했다'고 했던 것처럼 해야 했는데 도리어 자기 잘못을 면키 위해 예경의 여러 문자들을 주워 모으고 자신의 소견까지 붙여 번거로울 정도로 많은 말을 하였습니다.···

그러나 시열은 정작 '아비가 자식을 위해 참최복을 입는 이유가 오로지 할아버지와 체가 되기 때문이다' 한 것과

성인이 그 예를 엄정하게 한 이유가 오로지 대통과 종묘 사직을 이어받음에 있다는 예경의 주된 뜻에 대해서는

처음부터 끝까지 보지도 못했고 말하지도 않아 신은 그의 말에 승복할 수 없습니다.

시열이 '차장자를 세워고도 또한 3년을 입는다'는 구절을
인용하면서 그 아래에 또 이르기를,
'지금 반드시 차장자는 서자가 아니란 분명한 기록을 찾아내야만
허목의 설을 비로소 따를 수 있다'고 했는데 참으로 말도 안 되는
소리입니다.

'차장자를 세워도 역시 3년을 입는다'는 분명한 기록이 있으면
그대로 행하면 될 일을 차장자는 서자가 아니란 분명한 기록을
찾는 책임을 왜 허목에게 지운단 말입니까?

시열이 성인이 되어 죽는 것에 비중을 두는 뜻은 성인이 되어 죽으면
적통이 거기에 있어 차장자가 비록 동모제고, 할아버지와
체가 되었고, 이미 왕위에 올라 종묘를 이었더라도 끝까지
적통이 될 수 없다는 것이니, 그 말이 사리에 어긋나지 않습니까?
…
차장자가 아비의 가르침을 받고 하늘의 명을 받아
할아버지의 체로서 살림을 맡은 뒤에도 적통이 되지 못하고,
적통은 다른 이에게 있다고 한다면
가세자란 말입니까, 섭황제란 말입니까?

그뿐만 아니라 차장자로 왕위에 선 이는
이미 죽은 장자의 자손에겐 임금으로 군림할 수 없고
이미 죽은 장자의 자손 역시 차장자로 왕위에 오른
이에게는 신하 노릇을 하지 않는다는 것입니까?

시열은 종통은 종묘 사직을 맡은 임금에게 돌리고
적통은 이미 죽은 장자가 가져야 한다는 것입니까?

시열은 대왕대비께서 소현의 상에 장자복을 입혔는데
그 의리가 오늘에 와서 어떻게 바뀌냐고 했습니다.

그때 만일 3년을 입었다 하도
'차장자를 세우고도 3년을 입는다'는 정의에 따라
3년을 입어야 하고,

그때 만일 기년복을 입었다면
오늘 대왕대비께서는 역시 3년복을
입어야 합니다.

＊가세자(假世子): 가짜 세자, 꾸어온 세자.
＊섭황제(攝皇帝): 임금 대신 나라를 다스린 사람.

* 소설(疏說): 본문의 뜻을 알기 쉽게 풀어놓은 주석의 내용. 늑 주소(註疏), 소주(疏註)

〈어부사시사〉, 〈오우가〉를 지은 시인으로 유명한 윤선도.

오우가

내 벗이 몇이나 하니 수석(水石)과 송죽(松竹)이라
동산에 달 오르니 긔 더욱 반갑구나.
두어라 이 다섯밖에 또 더하여 무엇하리.
:
작은 것이 높이 떠서 만물을 다 비추니
밤중에 광명이 너만 한 이 또 있으랴.
보고도 말 아니 하니 내 벗인가 하노라.

그는 일찍이 광해군 시절에 유생의 신분으로 권력자인 이이첨을 격렬히 탄핵했던 바로 그 사람이다.
(제11권 136쪽 참조)

이후 효종이 어렸을 때 글 선생으로 3년이나 있었고,

문과에도 급제했다.

이 정도의 이력이면 인조 시절과 효종 시절에 훨훨 날았을 텐데, 그러지 못했으니

그러게· 광해 시절 벼슬을 기피한 선비들만 해도 다 우대받았는데···

남인으로 대표적인 반(反)서인 인사였기 때문이다.

그는 주로 지방 군수를 전전했다.

이에 강경한 상소를 올려 비판자들을 공격하는가 하면, 자신의 상소를 여러 차례 거부한 승정원을 논박했다.

효종은 이런 말로 그를 옹호했다.

이 사람은 아첨으로 뜻을 이루려는 자가 아니다.

타고난 강성 기질에다

일생 동안 계속된 서인의 비방에 단련된 때문일까?

일흔이 넘는 나이에도 그는 여전히 전투적이어서

송시열! 함 뜨자.

문제의 상소를 올릴 수 있었다.

흥!

여진은 이어지고

윤선도의 상소에 집권 산당 측은 경악했다.

한 장의 상소로 인해 예송논쟁은 이제 격렬한 정치투쟁으로 번지고 있는 것이다.

그러나 집권 산당의 힘은 막강했다.

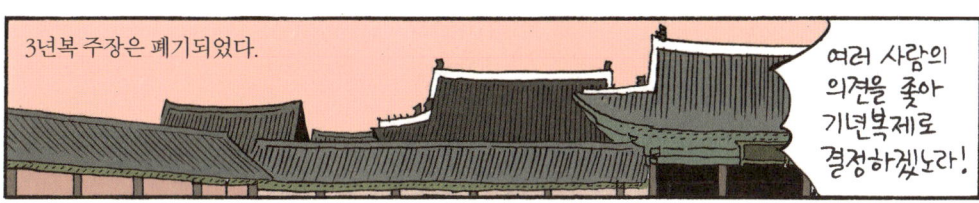

*유현(儒賢): 유학에 조예가 깊어 학문적으로 우뚝하고 도덕적 명망이 높은 이.

*사판(仕版): 벼슬아치의 명단을 적은 장부.

인조반정 이후 40여 년을 집권 서인의 들러리로, 힘없는 야당으로 지내온 남인.

그들로서는 대약진의 발판이 될 카드를 손에 쥔 셈이다.

잘만 활용하면 수권야당, 아니 집권여당도 될 수 있어

이로 인한 논란이 계속되자

윤선도가 옳습니다.

아닙니다. 저들은 만약 송시열이 3년복을 주장했다면 3년복이 틀렸다고 떠들 자들입니다.

왕은 예송 금지령을 내렸다.

당초에 복제를 모두 《오례의》에 따라 행하였으니 이제 와서 바꿀 순 없다. 앞으로 만일 예를 논한다는 걸 빙자해 소요를 야기하는 자가 있다면 결단코 용서하지 않겠노라!

이로써 예론은 잦아들었지만

피시시...

불씨마저 사라진 것은 아니었다.

제4장 기해예송 137

휘릉
자의대비(장렬왕후)의 능이다. 그녀는 가만히 있었지만 그녀가 입을 상복을 둘러싸고 조선사상 최대의 논쟁이 벌어지고 당파투쟁으로 확대된다. 어린 나이에 인조의 후비로 들어온 그녀는 이곳에 홀로 묻혔다. 구리시 동구릉 소재.

제5장

왕권 회복의 길

현종의 이미지와 실제

아버지 효종의 강한 이미지에 비해

현종은 유약하거나 색깔이 없는 이미지로 알려져 있다.

왠지 이런 느낌의

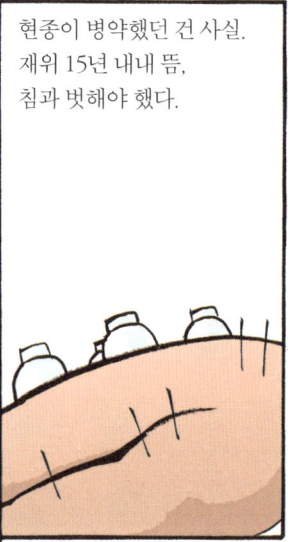

현종이 병약했던 건 사실. 재위 15년 내내 뜸, 침과 벗해야 했다.

눈병이 심했고

다래끼도 잦고 눈물이 줄줄 흐르는가 하면 눈이 침침해지고

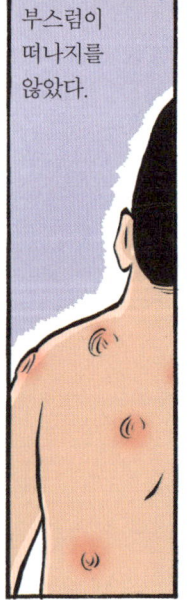

부스럼이 떠나지를 않았다.

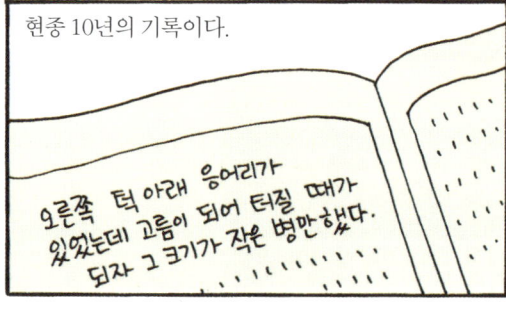

현종 10년의 기록이다.

오른쪽 턱 아래 응어리가 있었는데 고름이 되어 터질 때가 되자 그 크기가 작은 병만 했다.

의원들의 의견이 분분했다.

혹이 아닌지 의심이 되옵니다.

그럼 어찌해야 되겠느냐?

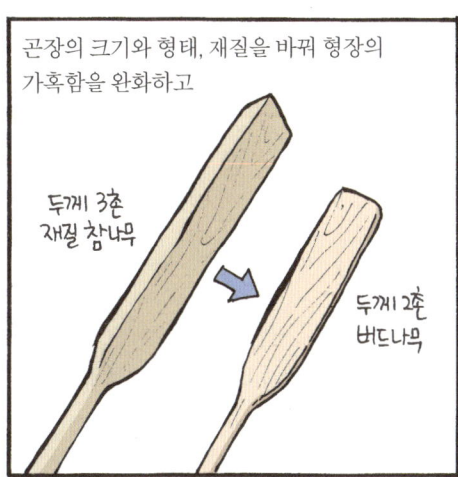

* 양전(量田): 논과 밭을 측량함.

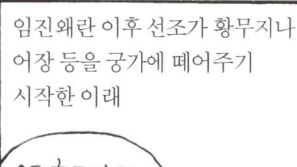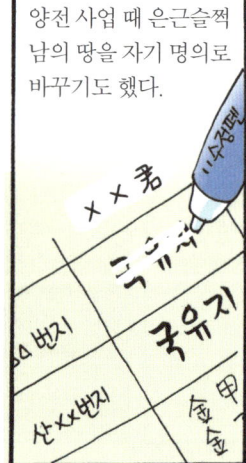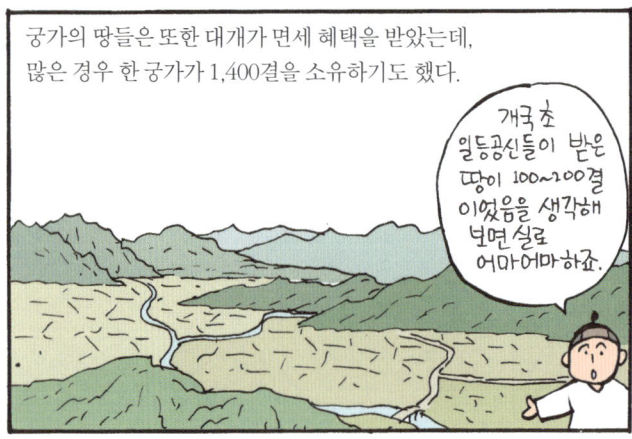

* 열무(閱武): 임금이 몸소 군대의 훈련 정도 등을 살펴봄.

부왕 효종과 다른 면은 조건과 환경의 차이에서 비롯된 듯하다. 효종은 취약한 정통성으로 인해 더욱 모범생의 길을 걸어야 했지만,

이 문제에서 비교적 자유로운 현종은 경연에도 그다지 열심이지 않았고,

현종 6년에는 이런 비판도 있었다.

현종이 재위 내내 신경을 썼던 일은 산당의 힘을 약화시키는 것이었다.

* 궁첩(宮妾): 내명부에 속하여 왕과 왕비를 모시는 여자.
* 환시(宦侍): 궁중에서 시중을 들며 잡무를 보던 거세한 남자. 환관, 내관, 내시, 중관 등으로도 불린다.

제5장 왕권 회복의 길　149

송시열과 그의 적들

*대유(大儒): 학식과 덕행이 뛰어나 뭇사람의 존경을 받는 유학자.

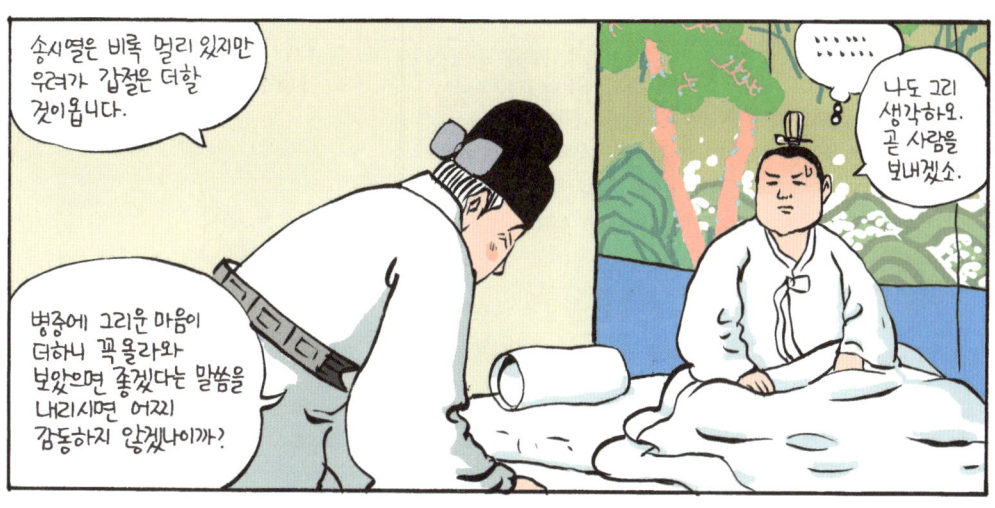

대동법을 둘러싸고 김육과 틀어졌는데

김육이 죽고 상이 끝난 뒤

민유중을 필두로 하는 산당 인사들이 김육의 아들들을 탄핵했다.

"김육을 장자 지내면서 참람한 예법을 썼다 하니 조사해 죄를 주고 묘는 개장케 하쏘서."

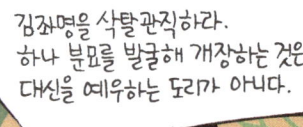

"김좌명을 삭탈관직하라. 하나 분묘를 발굴해 개장하는 것은 대신을 예우하는 도리가 아니다."

그리하여 김육의 장자 김좌명은 잠시 밀려나 있었지만,

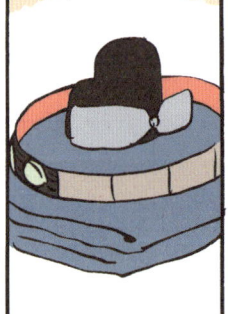

현종 즉위 후 승승장구한다.

영민한 머리, 빼어난 일솜씨는 누구나 인정했다.

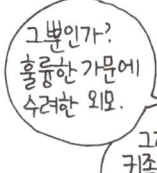

"그뿐인가? 훌륭한 가문에 수려한 외모. 그리고 귀족적인 기질까지."

"훗 너무 완벽해"

"머리, 재주, 외모 다 인정받았지만 그놈의 귀족적인 기질을 버리지 못하는 것만큼은 비난을 샀지."

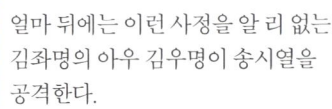

윤휴가 나이는 열 살 어렸지만 송시열은 그를 벗으로 대우했고,
"우리는 친구!"

송시열의 동료나 후배들도 그를 높이 평가했다.
"율곡의 환생인 듯."
"제갈량 같아."

둘이 벌어지게 된 것은 윤휴가 주자의 《중용장구》가 틀렸다며 다시 지으면서부터.
"뭣이라고? 윤휴가 그런 일을?!"

"어찌 그럴 수가 있단 말이냐? 제까짓 게 뭔데 감히 주자가 틀렸다고 떠든단 말인가?"

송시열은 일생을 주자의 가르침대로 산 인물이다.

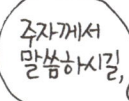
주자처럼!

조선 정세에 대한 인식도 금·송 시대에 대한 주자의 생각과 일치했고,

"야만이 승한 시대! 이런 때일수록 근본을 튼튼히 해야."

언제나 주자를 인용했다.
"주자께서 말씀하시길,"

심지어 왕이 구황 대책을 물었을 때 주자의 대책을 그대로 올린 일도 있을 정도였다.

"주자의 대책보다 더 나은 대책이 있을라고?"

*조야(朝野): 조정과 백성.

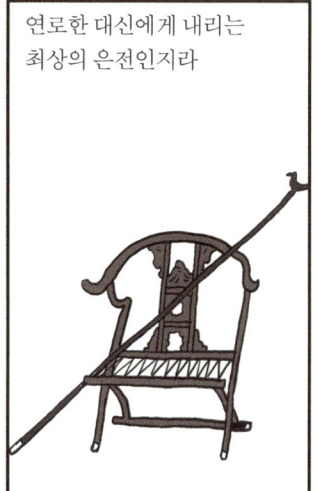

* 궤장(几杖): 나이 많은 훈신에게 내린 안석과 지팡이.
* 선온(宣醞): 임금이 신하에게 내린 술로, 사온서에서 빚었다.

이경석은 일반적인 이야기를
한 것인데, 온양에 가까이 있던
송시열로서는 이를 자신을 콕 찍어
올린 소로 받아들이고
즉각 소를 올려 반박했다.

신이 병을 무릅쓰고 길을 떠났는데 병이 다시 도져
길가로 물러나 엎드려 보양하며 다시 길을 떠나려는데
때마침 대신의 차자를 얻어 보게 되었사옵니다.
비록 신을 곧바로 거명하지는 않았지만 어찌 다른
사람을 지적한 것이겠나이까?
:
생각해보니 옛날 송나라 손종신 같은 이는 오래 살고
강녕하여 (수이강) 한때의 존경을 받기는 했지만
의리를 알고 기강을 진작시켰다는 평을 받을 수
없었습니다. 때문에 어떤 이들은 도리어 그를
불쌍히 여겼습니다.
그런데 당시에 매우 용렬하고 비루한 자가 있어
그(손종신)에게 행실이 보잘것없다고 비난을
받았으니 뭇사람이 얼마나 비난하며
비웃었겠습니까?

지금 신이 당한 일이 불행히도 이와 비슷하옵니다.

모월 모일 신 송시열

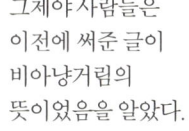

그제야 사람들은
이전에 써준 글이
비아냥거림의
뜻이었음을 알았다.

수이강이 그런 뜻이었어?

덕담인 줄 알았는데. 허…참!

어째 좀 그렇네. 그치?

이에 이경석은 사직을 청했을 뿐
자기변명은 끝내 하지 않았다.

송시열이 너무 했어.

그 밖에도 윤선도를 옹호한
권시나 김수홍처럼
한때 가까웠다가
송시열에게
등을 돌린 이들이
제법 있었다.

우린 뭐 송시열의 적까지는 아니고…

산당과의 투쟁

* 의망(擬望): 벼슬을 내릴 후보자를 추천함.
* 서경(署經): 관리의 임명이나 법령의 제정 시 대간의 서명을 거치는 절차.

나아가 이무를 편드는 대간과 승지 들까지 모두 변방으로 유배하는 등 강경하게 조치했다.

대신들이 하명을 거둘 것을 청하자 이렇게 답했다.

경들이 한번 오늘날의 일을 보오. 지금 이른바 언로라는 것은 곧 붕당의 언로요.

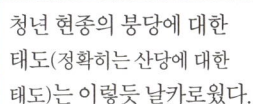
청년 현종의 붕당에 대한 태도(정확히는 산당에 대한 태도)는 이렇듯 날카로웠다.

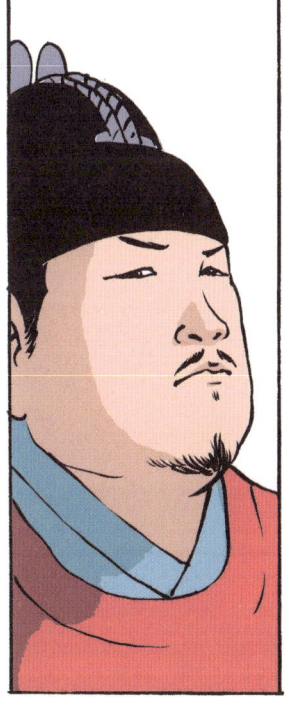

왕은 특히 허적에 대한 비판에 예민하게 반응했다.

남인의 영수 허적은 재상으로서 한 시대를 경영할 만한 남다른 비전이나 특출한 자질은 없었다.

대동법도 시종일관 반대했다.

하지만 융통성이 있었고

온천행이 치료에 도움이 된다면 가는 것이 좋습니다.

제5장 왕권 회복의 길 167

송시열을 향하는 예봉

낙향한 송시열은 좀처럼 올라오지 않거나

올라오더라도 잠깐 얼굴만 비치고는 내려갔다.

대신 송준길이 조정에 나와 있을 때가 비교적 많았고,
어디까지나 비교적이라네

양송의 문하인 김수흥, 김수항 형제와 민정중 등이 조정 내 산당의 구심 역할을 했다.

송시열은 효종 때처럼 현종 9년에야 올라온다.
잘 오셨소.

대사헌 정지화가 아뢴다.

양송이 모두 올라왔으니 머물러 있게 하여 인견하시면 옛사람이 10년 동안 책을 읽는 것보다 낫다고 한 그대로일 것이옵니다.

송시열은 계지술사(繼志述事)를 들고 나왔다.

날은 저물고 갈 길은 멀다며 탄식하시었습니다.

지금 선대왕의 뜻을 잘 이으셔야 효를 행했다고 하실 수 있는 것이옵니다.

계지술사란 선대의 일을 계승한다는 뜻으로, 여기서는 효종의 북벌을 계승하자는 얘기입니다.

전하께서는 때와 역량을 헤아리시어 이 시대에 쓸 만하지 못한 사람은 버리시고 쓸 만한 사람은 등용하소서. 그리하시면 한 시대의 일을 이루실 수 있을 것이옵니다.

＊인견(引見): 윗사람이 아랫사람을 불러서 만나봄.

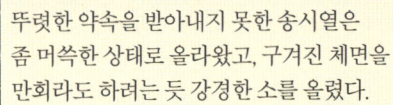

올라온 송시열이 건의한 일은 태조의 비 신덕왕후 강씨의 능인 정릉의 복원과 부묘,

태조의 개성 사저를 보수하고 관리할 것,

본관이 다르더라도 동성 간에 결혼을 금할 것,

을사사화로 죽은 이들에게 증직할 것,

단종을 장사 지낸 엄흥도의 자손을 찾아 벼슬을 내릴 것 등이었다.

예학 전문가다운 건의들이었고,

왕은 다 받아들였다. 다만 신덕왕후의 부묘만은 꺼렸는데,

이후 신하들이 연일 청하고, 대신들이 백관을 거느려 청하기를 여러 번 한 끝에 부묘도 결국 받아들였다.

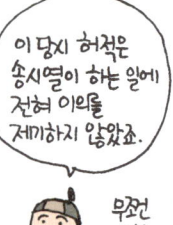

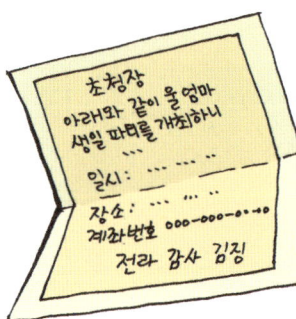

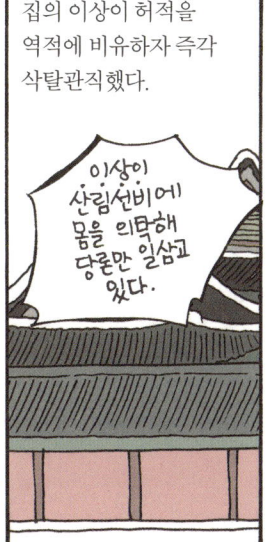

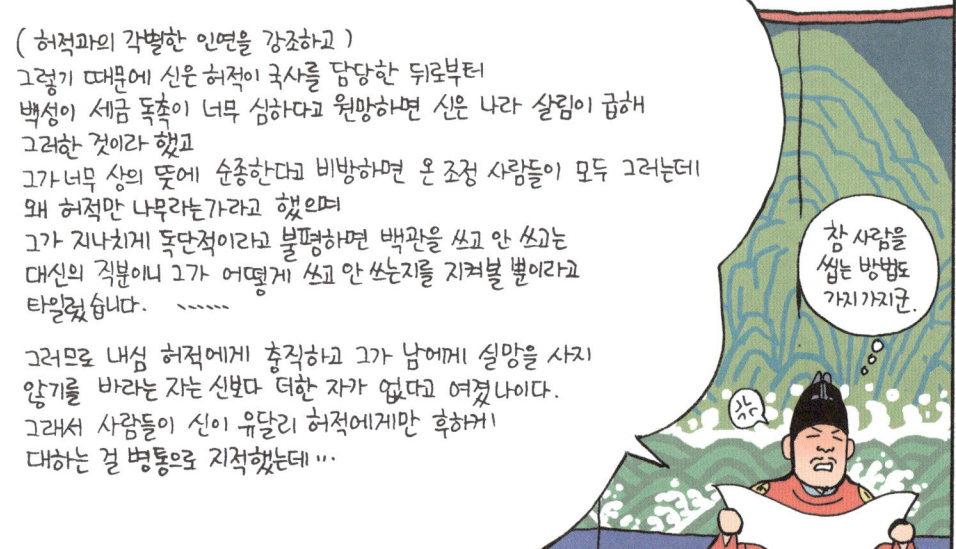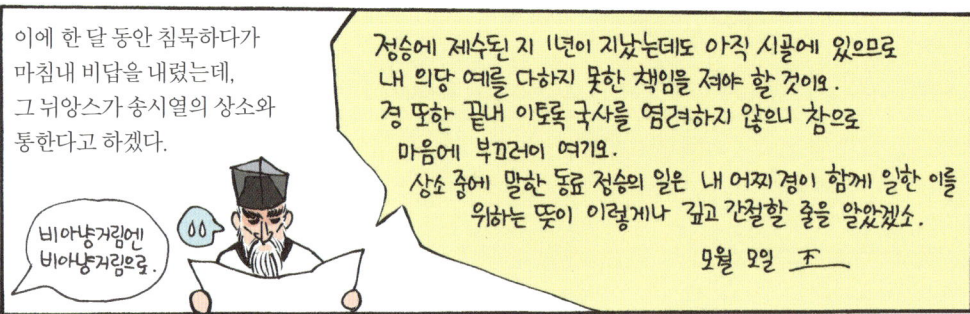

* 비답(批答): 상소의 끄트머리에 임금이 적는 대답.

현종 13년에 송준길이 병으로 죽었다.

그 전에 그의 병이 깊다며 위로의 말을 내려줄 것을 승지들이 청했지만, 모른 척했을 정도로 송준길에 대한 실망이 컸다.

현종 14년, 김만중이 허적을 탄핵했다.

남곤, 심정과 다를 바 없는 자를 수상에 두어선 아니 되옵니다.

이 상쏘는 필시 사주한 자가 있으리라. 잡아다 심문하라!

아니다. 사주한 자를 밝혀내지 못하면 그 또한 문제이니 그냥 두라. 김만중은 먼 곳으로 유배하라.

이즈음 효종의 능을 여주로 옮기는 절차가 진행 중이었다.

김만중의 일과 산릉 천장 문제 등을 가지고 송시열이 상소했다.

다만 생각하건대 주자는 부모의 무덤을 두 번 옮겼으나 산릉에 대해서는 경등할까 염려된다는 경계를 하였으니 제왕가의 사체가 범인과는 달라서 그런 것 아니겠습니까?

* 사체(事體): 일의 이치와 당사자의 체면.

당초 능의 흙을 한 자쯤 파헤친 뒤에 능 안에 이상이 없음을 알았지만 일을 맡은 여러 신하가 사람들의 말을 두려워한 나머지 그대로 봉하자는 의논을 끝내 내놓지 못했습니다. 신릉이 길하다는 것은 예로부터 일컬어온 바이지만 어찌 지극히 평안한 땅에 그대로 모시는 것만 하겠습니까?

⋮

신이 또 듣건대 성명에서 김만중이 상신(相臣)을 공격하고 배척한 일을 믿는 데가 있어 한 것이라고 말씀하셨기 때문에 바깥에서 왁자지껄 전하기를 만중이 믿는 사람이란 곧 신이라고들 합니다.

아! 만중이 지극히 어리석다 하더라도 어찌 신의 형편이 제 한 몸 구하기에도 겨를이 없다는 것을 모른 채 신에게 기댔겠습니까? (이때 송시열은 김우명과 대립 중이었다.) 성교(聖敎)가 가리키는 바가 과연 신에게 있다면 성상께서 신의 상황을 알지 못했거나 만중의 사람됨을 살피지 못했기 때문입니다.

일전에 전하께서 매양 군신 사이는 서로 뜻이 통하여 잘 아는 것이 중요하다 하셨는데 어찌 오늘날 밝으신 성상의 알아주심을 입지 못해 이 지경에 이를 줄이야 생각이나 했겠습니까?

⋮

이튿날 왕은 총호사를 맡은 우의정 김수흥을 불러 물었다.

송 판부사의 소에서처럼 한 자쯤 파고 나서 이상 없음을 알았지만 의논을 내지 못한 일이 있었소?

신들은 그런 의논이 없었나이다. 설령 현궁이 무사하다 할지라도 그 단계에서 어찌 감히 그대로 봉하자는 의논이 있었겠사옵니까?

같은 진영의 김수흥도 있을 수 없는 일이라 했을 만큼 산릉에 대한 발언은 무리가 있었다.

아마도 성상의 뜻을 잘못 알았나 봅니다.

꾹..

* 신릉(新陵): 새로 만든 임금의 묘.
* 상신(相臣): 영의정, 좌의정, 우의정을 통틀어 이르는 말.
* 현궁(玄宮): 임금의 관을 묻던 무덤의 구덩이 부분.

왕은 전에 없이 싸늘한 비답을 내려보냈다.

경의 상소를 살펴보고 매우 놀라고 의아하였소.
경이 선대왕으로부터 받은 은혜는 보통 사람보다 훨씬
컸으므로 나는 경이 선릉(先陵 - 효종 능)에 대한 일에
물불을 가리지 않을 줄 알았소.

그런데 오늘 보니 경에게 바랐던 바에 크게 어긋났소.
능 안에 빗물이 스며들어 고인 일과 석물에 흠이 생긴
일은 경도 보고 들어서 잘 알 것이오.
현궁(玄宮)에 흠이 없는 것은 겉모양만 보고 알 수 있는
것이 아닌데 어찌 그대는 봉하자는 의논을 용납하오?
이 점이 내게 의혹스럽고 경의 뜻을 이해할 수 없게 하오.

:

만중의 말은 무례함이 심해 내가 놀라고 분하게
여겼는데, 지금 돌이켜보아도 만중이 경을 믿고 했다는 말은
전혀 기억이 없으니 이는 아마도 경에게 전하는 사람이 어떤
의도를 가지고 그렇게 한 것이 아닌가 하오.

경의 상소는 불평이 아닌 것이 없고 나의 말을 심하게
의심하였소. 이는 나의 성의가 경에게 믿음을 주지 못한
소치이므로 부끄럽고 한스러울 뿐이오.

더 무슨 말을 하겠소. 경은 양해하오.

이제는 송시열과 산당에
대적할 만하다는
자신감의 표현이자
투쟁 의지의 표출이라
하겠다.

인정문
창덕궁의 정전인 인정전으로 들어가는 정문으로, 이곳에서 여러 왕의 즉위식이 열렸다.
효종과 현종도 이곳에서 즉위했다.

제6장

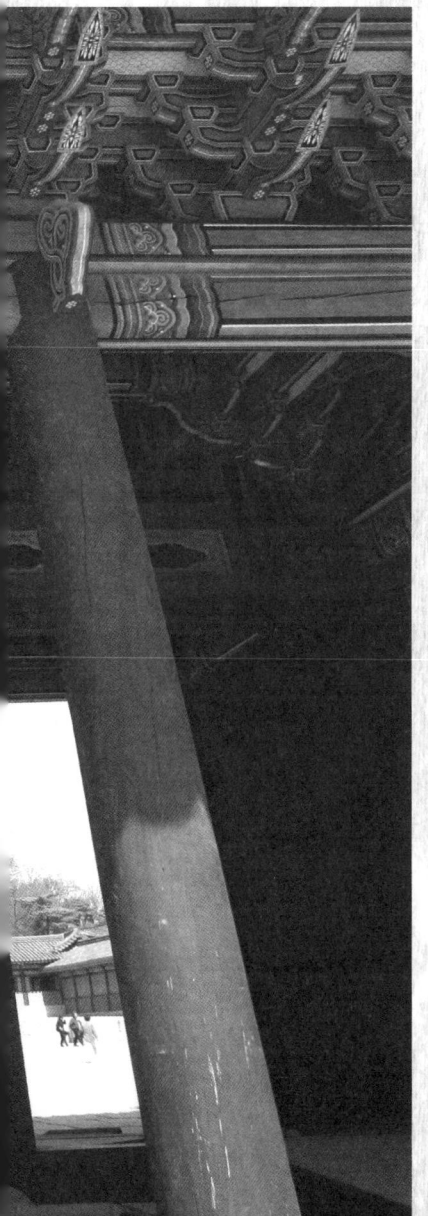

위기의
산당

뒤집힌 예송

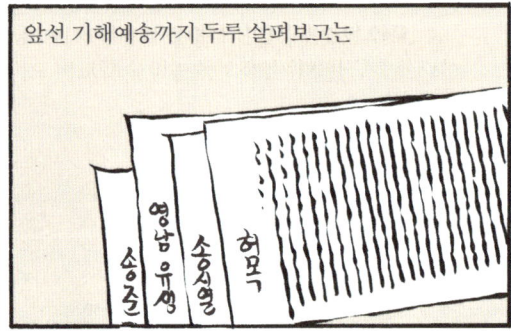

왕은 분명 국제를 따라 당시에 기년복을 허락했고, 대신들도 또한 국제에 근거해 기년복을 청했던 것이므로 왕의 주장도 옳고,

기년복을 청함에 있어 송시열의 생각이나 이에 반발한 남인의 주장들도 옛 제도에 따른 것이므로

산당계 영의정인 김수흥의 주장도 옳다.

왕은 기해년의 일을 상고하라고 명했다.

사체가 중대하므로 예조만 단독으로 하지 말고 대신들, 6경들, 삼사 장관들이 모두 한데 모여 오늘 안으로 의논하라.

신하들이 논의 결과를 아뢰기를

기해년 당시 애당초 정한 것은 비록 국제를 사용했으나 그 뒤 여러 신하가 쟁론한 것은 옛날의 제도대로 하자는 것이었사옵니다.

＊상고(詳考): 상세히 참고하다.

강압적으로 제압한 왕은 후속 조처를 이어갔다.

이어 김수흥 등을 변호한 대간들을 내쫓았다.

임금의 문제 제기에서 관련자 처벌까지 3일 만에 마무리된 속전속결의 예송이었다.

현종의 생각은?

앞에서 본 대로 이때의 예송논쟁은 산당 대 남인의 논쟁이 아니라

산당 중심의 신하들과 임금 사이의 논쟁이었다.

기년!

대공복!

그런데 그 과정을 보면 왕의 태도가 어딘지 미진하다는 인상을 준다.

왕은 일찌감치 이번 예송의 핵심을 끄집어냈다.

나는 국제에 따랐을 뿐 중자라고 생각한 적이 없다.

효종을 적통을 계승한 적장자로 볼 것인가, 중자로 볼 것인가.

즉, 체이면서 정으로 볼 것인가, 체이부정으로 볼 것인가.

이것이 핵심 문제였다.

건강에 자신이 없어서였을까?

불과 한 달 뒤에 죽음을 맞았으니 그랬을 수도 있겠다.

그러나 그보다는 당쟁을 바라보는 왕의 철학이 반영된 것으로 봐야 하지 않을까?

현종 13년, 지평 조창기가 올린 상소 중 당파 부분이 인상적이다.

(1. 당파의 현재 모습)

~~ 계해년(인조 1) 이후부터 서쪽이 득세하고 동쪽이 위축되었는데 득세한 쪽은 점점 날카로운 칼의 자루를 쥐게 되고 위축된 쪽은 더욱더 분노를 품게 되었습니다.
재주가 서로 같아 높고 낮음을 분별하기 힘들 때도 서쪽 사람이면 끌어들이지 못할까 서두르고, 동쪽 사람이면 머뭇거리며 쓰지 않으려 합니다. 비록 겉으로는 남의 말을 의식해 약간 등용시키지만 한 자급은 반드시 아끼면서도 작은 벌은 꼭 시행합니다.

(2. 전하의 해결 방안과 그 문제점)

근래 성상의 의향을 보건대 매양 한쪽을 곡진히 옹호하시는데 신은 옳지 않다고 생각하옵니다.
만약 한쪽을 도와 세력이 균등하게 되면 피차간에 알력이 생길 근심이 도리어 지금보다 심해질 것이니 이는 무기를 마련해 서로 공격하도록 도와주는 꼴입니다.

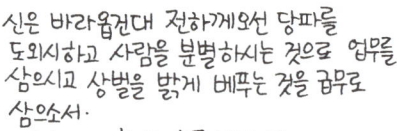

(3. 대안)

신은 바라옵건대 전하께옵선 당파를 도외시하고 사람을 분별하시는 것으로 업무를 삼으시고 상벌을 밝게 베푸는 것을 급무로 삼으소서.
그리하여 참으로 훌륭하면 동서에 구애되지 말고 발탁해 쓰시고
어리석으면 형세에 끌리지 말고 물리치소서.

조창기의 대안은 언뜻 정답처럼 보이지만 현실은 그리 간단하지 않았다.

그 자신이 잘 이해하고 있듯이 산당(서인)이 집권당으로 이조와 병조를 장악하고 있는 현실이다.

그들은 이렇게 생각하기 쉬웠다.

그렇다고 다른 당 사람에게 이조나 병조를 맡기면 그들이 추천하는 사람들을 (집권당이 장악한) 대간이 나서서 탄핵하려 들 것이다.

그 때문에 왕은 조창기가 짐작했던 대로 한쪽을 도와 세력이 균등해지게 함으로써 서로를 견제하게 해야겠다고 생각했던 모양이다.

산당의 문제는 나쁜 당인 게 아니라 강한 당인 데 있어.
남인 역시 집권해 강한 당이 되면 마찬가지 문제를 야기할 거야.
당을 아주 없앨 수 없다면 서로 견제하게 하는 편이 그나마 왕권이 자리 잡을 공간을 만들어줄 거야.

산당계 김수흥을 밀어낸 왕은 낙향해 있던 허적을 다시 영의정으로 삼았다.
어서 나와 명을 받으십시오

그러나 김수흥의 동생 김수항을 좌의정으로 삼은 데서도 왕의 균형 의지는 엿보인다.
형은 쫓고 형과 같은 생각을 가진 동생은 승진?

어쨌든 왕의 입지는 이제 전에 없이 단단해졌다. 그런데
으으으…

전하! 옥체가 불덩이시옵니다.

이어 헛배가 부르고 극심한 설사가 뒤따랐다.
좌악
좍

하- 하- 허적은 올라왔느냐?
아직이냐? 내 상태를 말하고 빨리 올라오게 하라.

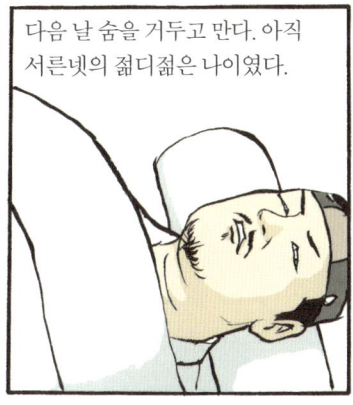

부왕이 더욱 키워놓은 산당의 위세에 시달린 현종은

오랜 기다림과 싸움, 그리고 예송을 지렛대로 해서 산당의 힘을 약화시키고

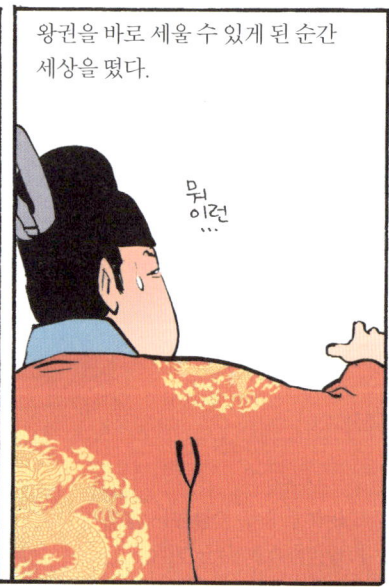
왕권을 바로 세울 수 있게 된 순간 세상을 떴다.

반전의 기회를 잡은 남인과 약점 잡힌 산당의 쟁투는 이제 조정자를 잃음으로써

규칙도 없고 인정사정도 없는 리얼 서바이벌 게임으로 비화하게 된다.

곤욕의 세월, 재난의 시대

＊자자형(刺字刑): 얼굴이나 팔뚝에 죄명을 문신으로 새기는 형벌.

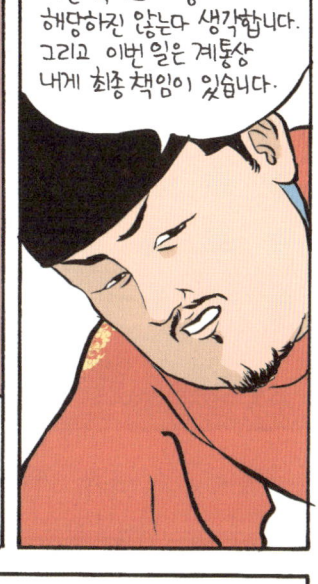

앞의 두 사건은 청국과 조선의 관계를 냉정하게 보여준다.

우린 니들의 내정에 거의 간섭하지 않아. 하지만,

사소한 일을 가지고도 정색해서 문제 삼으면 니들은 쩔쩔매게 돼. 그러니까 까불 생각조차 말란 말야.

네.

이 시기에 백성은 방납과 가혹한 군역, 궁가나 대가들의 침탈 등으로 고통을 받았는데

현종 말년에는 참혹한 기근까지 만난다.

현종 9년에 흉년과 전염병으로 고통을 겪었는데

이듬해에 한숨 돌리는가 했더니

초근목피로 오그라들었던 내장들이 밥을 보니까 마구 꿈틀거리는걸.

현종 11년에는 더욱 극심한 흉년이 찾아왔고

여름은 없고 다 짝정이야.

올 겨울을 어떻게 나지?

다음 해인 현종 12년에도 최악의 흉년이 이어졌다.

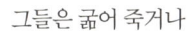

데려간 이의 재산(노비)이 되었다.

수령들은 매달 병사자와 아사자에 대한 보고를 감사에게 올렸는데, 다음과 같은 이유로 축소 보고되기 일쑤였다.

이를 토대로 감사들이 각 도의 실태를 보고했는데, (그렇게 축소되었음에도) 현종 12년에는 전국의 아사자와 병사자 수가 1만 명을 웃돈 달이 많았다.

오죽하면 나라에서 평소 엄금하던 소의 도살을 허용했을까?

서울에서만 승병을 동원해 한꺼번에 수천 명씩 주검을 묻었다는 기사도 몇 차례 나온다.

작가 후기

애초 이 책은 지난해 말에 나올 수 있었으나 완성된 원고를 다시 수정하느라 출간이 늦어지고 말았다. 계속 고민하고 여러 번에 걸쳐 수정하게 만든 주제는 효종의 북벌이다. 학교에서 국사를 배웠던 이들에게 효종이 북벌을 추진했다는 것은 세종이 훈민정음을 창제했다는 것처럼 당연한 이야기다. 그런데 필자는 이에 대해 상당히 부정적인 판단을 내리고 만 것이다.

어차피 역사 연구는 끝없이 새로운 연구 성과나 해석이 나오면서 더욱 풍부해지고 진실에 접근하게 되는 이치이기에 나름의 근거가 있고 추론이 일리 있다면 과거와 전혀 다른 해석이 내려진대도 긍정적인 기여를 할 것이다. 그런데도 망설여진 것은 아이들 때문이다. 간혹 내 책을 몇 번씩 읽는다는(고맙게도!) 아이들에 대한 이야기를 전해 듣곤 하는데, 그들에게 혹 혼란을 안겨주게 되지 않을까 하는 두려움이 앞을 가로막았기 때문이다.

그러나 고민 끝에 더러 논조를 완화하기는 했지만 애초의 판단을 유지하기로 했다. 남다른 해석으로 튀어보려고 한 것이 아니기에 내가 느끼고 판단한 대로 밀고나가는 것이 옳다고 생각했다. 다만 우려한 부분에 대해 부모님이나 주변 어른들의 도움이 있기를 바라 마지 않는다.

현종 12년에 동지사로 간 복선군을 청 황제 강희제가 가까이 불러 이렇게 말했다.
"너희 나라가 백성이 빈궁하여 다 굶어죽기에 이르렀다는데 바로 신하가 강한 소치라 한다. 돌아가 너희 임금에게 전해라." 이는 당시 청이 조선 정세를 어떻게 판단하고 있

는지를 단적으로 보여주는 예라 하겠는데, 실제로도 중국이 군강신약의 나라라 한다면 조선은 군약신강의 나라라는 것이 대체적인 평이다. 태종과 정도전으로 대변되는 군권과 신권의 대립은 개국 이래 계속되어왔다. 군권이 강한 때도 있었고 신권이 강한 때도 있었다. 그러나 이 시기의 군약신강은 과거 한명회나 김안로 당시의 군약신강과는 사뭇 다르다. 당시에는 특정한 개인이 요직을 두루 장악해 강력한 권력을 행사했지만, 이때의 송시열은 산림에 앉아서도 자신의 이론과 판단으로 조정의 흐름을 좌우했다. 성리학 질서가 지배하는 참으로 조선다운 군약신강이라 하겠다.

대동법을 위해 일생을 바친 김육의 정치철학은 사뭇 감동적이다. 그는 일관되게 소수의 특권층이 아닌 다수의 백성을 위한 정치가 행해져야 한다고 주장했다. 부호가 싫어한다고, 관리들이 싫어한다고 백성에게 이익이 되는 법을 행하지 않아서야 되겠는가라는 그의 일갈이 오늘의 위정자들에게 전해졌으면 좋겠다.

《효종·현종실록》 연표

1649 효종 즉위년

5.13 창덕궁 인정문에서 즉위하다.
5.14 대신의 청에 따라 김집, 송시열, 송준길, 권시, 이유태, 최온을 부르다.
5.15 대행왕의 묘호를 열조로 정하다.
5.23 대행왕의 묘호를 열조에서 인조로 고치다.
6. 9 김집을 예조 참판으로 삼다. 송시열과 송준길을 진선에 제수하다.
6.16 영의정 김자점을 탄핵한 김홍욱과 이석을 체차하다.
6.22 양사가 연계해서 김자점의 파직을 청하다.
6.26 왕이 청대에 응하지 않자 송시열이 조복을 벗고 떠나다.
7.27 김집이 송시열을 변호하고 불러 쓸 것을 청하다.
8.23 응교 조빈이 복수설치가 선왕의 뜻이었다며 청나라 연호를 쓰지 말 것을 청하다.
9. 1 김육을 우의정에 제수하다.
9.13 송준길의 건의에 따라 김자점과 가까운 임중, 이천기 등을 체차하다.
9.20 인조의 장례를 치르다.
11. 5 김육이 호서와 호남에서 대동법을 시행할 것을 건의해서 논의에 부치니 찬반 주장이 맞서다.
11. 7 암행어사들에게 봉서를 주어 보내다.
11.21 헌부가 실절한 자와의 이혼금지법을 폐기할 것을 청하니 받아들이다.
12. 3 김육이 대동법 관련 조례가 완비되었다며 옳다면 행하고, 그르면 자신을 죄주라 청하다.
12.13 이경석이 먼저 충청부터 대동법을 시행하여 이해를 안 연후에 호남으로 확대하자고 하다.

1650 효종 1년

1. 4 김상헌이 인사를 드리고 돌아가다.
1.12 유배됐던 이경여 등을 석방하다.
1.13 대동법 문제로 김육과 김집이 불화하다.
2. 6 소현세자의 셋째 아들 이회를 강화로 옮겨 안치하다.
2.13 김자점이 죄를 받자 그가 거느렸던 군관을 구인후에게 예속시키다.
2.22 경상도 진사 아홉 명이 이이와 성혼에 대한 문묘 종사를 반대하는 소를 올리다.
3. 1 왜구를 평계로 성을 보수하고 무기를 정비하겠다는 요청을 한다며 청나라가 문제 삼다. 또한 김상헌과 김집 등이 주도하여 선왕의 옛 신하들을 다 쫓아낸 일을 안다는 청나라의 태도에 대해 사은사 이시방 등이 보고하다.
3. 4 이경석이 칙사를 미리 만나본 후, 그들이 왕의 딸이나 누이들과 구왕 도르곤의 혼인을 요구할 것이라는 정보를 전하다.
3. 7 혼인을 허가한다는 뜻을 전하자 칙사들이 기뻐하며 이후 김상헌, 김집 등의 일을 거론하지 않다. 인정전에서 칙서를 받다. 칙서의 내용은 왜를 평계로 성지를 수축하겠다고 요청한 일과 표류한 한인을 왜에 보낸 일, 면이 흉작이니 세폐를 줄여달라고 요청한 일, 혼인 문제에 관한 것이다.
3. 8 청나라 칙사가 대신과 육경 등을 불러 질문하고는, 생각보다 이시백 등 옛 신하들이 많이 남아 있다는 사실을 확인하다. 성지 수축 문제는 이경석이 책임을 떠안고, 세폐 감축 문제는 조경이 책임지기로 하여 문제가 정리되다.
3.13 이경석과 조경을 백마산성에 유배하다.
3.20 청사들이 처녀들을 보고는 금림군 이개윤의 딸을 선택하다. 이에 의순공주로 삼다.
4.22 왕이 서교에 나아가 의순공주를 전송하다.
5. 1 경상 진사 신석형 등이 이이와 성혼을 옹호하고 유직 등을 비난하는 소를 올리다.
5.12 구왕 도르곤이 왕녀를 보낸 일에 대해 말하고 예물을 보내오다.
5.20 이이와 성혼을 옹호한 경상 유생들의 집이 헐리고 추방되다. 이에 이이와 성혼을 종사하자는 의논을 비난한 유직, 이상진 등을 유적에서 삭제하다.
6.25 김육이 평양과 의주에 시범적으로 화폐를 유통시키자고 해서 따르다.
7. 4 소현세자의 셋째 아들 이회를 교동으로 옮기게 하다.
8.27 의순공주를 호행했던 원두표가 돌아와 못생겼다고 불평한 구왕의 반응을 전하다. 청나라 칙사가 왜를 평계 대며 군사를 늘린다고 질책하는 칙서를 갖고 오다.
9. 8 청사가 이번 행차의 목적은 오직 미녀에 있다고 말하다. 이후 미녀를 찾느라 나라 안이 소란스러워지다.
11.13 김집 등이 대동법을 반대하자 김육이 떠나려 하다.
12. 9 구왕 도르곤이 11월 9일에 병사하여 추가로 보낸 여인들을 도중에 돌려보내겠다는 전갈이 오다.

1651 효종 2년

1.11 김육을 영의정에, 이시백을 좌의정에, 한흥일을 우의정에 제수하다.
1.27 진주사의 표문에서 '건청곤이(乾淸坤夷)'라는 글귀가 문제가 되다.
3. 5 청나라가 세폐 중에서 면포 600필, 면주 100필을 줄여주다.
3.14 조익이 지은 윤방의 시장(諡狀)에서

역강을 강빈이라고 칭했다며 조사케 하다.
5.11 역강을 빈궁이라 부른 것은 자신의 마음을 시험해보려는 속셈이라며 조익을 삭탈관직하고 문외출송하다.
6. 7 왕대비의 존호를 '자의'로 정하다.
8.24 거듭된 논의 끝에 마침내 호서에서 대동법을 시행키로 하다.
10.29 11월부터 서울에서 돈을 유통키로 하다.
11.21 김육의 손녀인 김우명의 딸을 세자빈에 책봉하다.
11.23 귀인 조씨의 저주 사건이 불거지다.
12. 7 정태화를 영의정에, 김육을 우의정에 제수하다. 해원 부령 이영 등이 장인 조인필이 김자점과 반역을 도모하는 것 같다고 고변하다.
12.13 김자점의 아들 김식이 승복하다.
12.14 귀인 조씨를 자진케 하다.
12.17 김자점이 승복함에 따라 정형에 처하다.
12.21 효명옹주(귀인 조씨의 딸)를 통천군에 유배하다.

1652 효종 3년

1. 6 귀인 조씨의 아들인 숭선군 이징, 낙선군 이숙의 유배를 명하다.
1.18 윤선도에게 글을 배워 글자를 깨우쳤다며 올라오게 하다.
2.11 사헌부가 귀인 조씨의 저주에 관련된 앵무는 거열형을 당했으니 신생도 죄악을 분명히 밝힐 것을 청하자 분노하다.
3. 2 김식이 신면의 요청으로 청나라의 역관 정명수를 만나 산인들을 잡아오게 하도록 청한 이형장을 복주하다.
5.15 주강에서 우리 장수들의 문제점과 무인을 등용할 때의 문제점 등에 대해 말하다.
5.21 지금 역강을 구하려는 자들은 반역을

꾀하는 자들과 같은 자들이라고 말하다.
6.29 어영군을 이완에게 맡겨 규모를 늘리고 정예하게 하다.
8.19 왕세자가 된 이후 술을 멀리하다 보니 이젠 마시고 싶은 마음이 없어졌다고 하다.
9. 3 좌우 금군 별장을 불러 우리 군대의 문제점을 말하다.
9.17 이정과 이숙을 교동에 보내 소현세자의 셋째 아들과 같이 살게 하다.
11.12 소를 올려 원두표를 비판한 윤선도를 삭탈관직하고 문외출송하다.

1653 효종 4년

1. 6 관상감의 건의로 그동안 써오던 대통력을 시헌력으로 대체하다.
6. 3 정명수가 죄를 입어 쫓겨났다는 소식이 전해지다.
7. 3 정명수의 청탁으로 면천되었던 자들을 도로 천역으로 돌리다.
7.17 이정이 아내 신씨를 구박하며 종들과 더불어 불경한 말을 한 것이 드러나자 종들을 처형하다.
8. 1 예조 참판과 예조 참의를 보내 단종 묘와 연산군 묘에 제사하다.
8. 6 헨드릭 하멜 등이 표류했다는 제주 목사의 보고가 있자 올려보내어 이르다.

1654 효종 5년

2. 2 청나라 칙사가 와서 포수 100명을 선발해 나선정벌에 합류하라는 예부의 자문을 전하다.
3. 4 노량에 거둥해 군대를 사열하다.
5.12 전염병이 돌자 전옥서의 죄인 가운데 죄가 가벼운 자는 석방케 하다.
7. 2 북우후 변급이 청나라 군대와 함께 나선을 격파하고 영고탑으로 돌아오다.
7. 7 구언의 전지에 따라 역강의 일에

의심스러운 점이 많다고 한 김홍욱을 잡아오게 하다.
7.17 김홍욱이 곤장을 맞고 죽다.
8.24 북로의 요충지에 성을 쌓도록 하다. 전라의 세 곳에 성을 쌓도록 하다.
9. 6 이시백을 영의정에, 구인후를 좌의정에 제수하다.

1655 효종 6년

1.17 강화도에서의 경험에 의거해서 강화 연안에 보루와 진을 설치하자는 의견을 제기하다.
1.29 우의정 심지원을 추쇄도감 도제조, 예조 판서 이후원을 제조로 삼아 공노비에 대한 추쇄사업을 일으키다.
3.27 강릉을 다녀오는 길에 별장들을 불러 기 뽑아오기 시합을 시키다.
4. 5 기 뽑아오기 시합에서 부정출발한 정시영을 효시하고 군율의 엄중함에 대해 유시하다.
4.23 윤대한 무신 변급이 나선정벌의 전말을 아뢰다.
4.25 헨드릭 하멜 일행 30인을 훈련도감에 예속시키다.
7.14 김육을 영의정에 제수하다.
9. 2 청나라 칙사가 서울에 와서 청국 땅에서 삼을 캔 자 등 수십 명을 취조한 뒤 처형하다.
9.29 장릉에서 돌아오는 길에 군사훈련을 시키다.

1656 효종 7년

4.26 의순공주가 귀국하다.
5.14 무고한 천안 군수 서변이 곤장을 맞아 죽다.
윤 5.13 김집이 83세로 졸하다.
윤 5.14 대신들과 의논하여 이정, 이숙, 김세룡의 아내(효명옹주)를 서울로 불러오게 하다.
6.23 서울의 한 여인이 딸 다섯 쌍둥이를 낳다.
7.18 네덜란드인에게서 얻은 조총을 모방해 새 총을 만들다.
9.11 광릉에서 환궁하는 길에 열무하다.
10. 3 김육이 화폐 사용이 정착돼가고 있다고 하자 화폐 사용은 보탬은 없고 해로움만 있다고 하다.

1657 효종 8년
3.28 청나라 칙서에서 인평대군의 수행원이 금법을 어기고 화약을 사오다가 적발된 사실을 문제 삼다.
9.11 효릉에 참배했다가 소현세자의 묘소에 거둥하다.

1658 효종 9년
3. 3 청나라에서 다시 나선정벌에 필요한 군병과 군량을 요청하다.
4.13 이시백이 호남 연해 고을들은 대동법을 원하고 있으니 속히 영단을 내릴 것을 청하다.
5.13 인평대군의 병세가 위독해 직접 찾아갔으나 이미 숨진 뒤였다.
7.12 송시열이 올라오니 곧바로 불러 만나보다.
9. 5 김육이 졸하다.
9.18 송시열을 이조 판서에, 송준길을 대사헌에 제수하다.
12.27 요즘은 화를 다스려 과오가 줄어들었다고 자평하다.

1659 효종 10년
2. 9 이징과 이숙의 관작을 회복시키라고 명하다.
2.11 병조 참지 유계가 군적의 실태와 개혁안을 상소하다.(균역법)

3.11 송시열과 독대하여 비밀히 시사를 논하다.
3.25 정태화를 영의정에, 심지원을 좌의정에, 원두표를 우의정에 제수하다.
윤 3. 4 소현세자의 셋째 아들 이회를 경안군에 봉하다.
윤 3.26 거사를 자처하는 이가 돈화문 밖에 엎드려 5월에 재화가 있을 것이라며 경복궁 초가를 짓고 이어해야 한다고 주장하다.
4. 8 민유중이 김육의 장례를 호화롭게 치렀다며 김좌명을 탄핵하다.
4.28 종기의 독이 얼굴에 퍼져 눈을 뜰 수가 없게 되다.
5. 4 어의 신가귀가 침으로 종기를 따자 피가 끝없이 나오다. 이날 승하하다.

1659 현종 즉위년
5. 5 예조가 왕대비의 복제에 대해 기년복으로 아뢰다.
5. 6 재궁의 너비와 길이가 모두 부족해 부판을 쓰다.
5. 9 즉위식을 갖다.
6.10 어의 신가귀를 교형에 처하다.
8.28 왕의 병세가 심해지자 신하들이 유후성 등 어의들의 정배를 늦춰 치료하게 할 것을 청하다.
8.30 송시열이 유후성을 가두고 죄를 바로잡으라고 상소하다.
10.29 효종을 영릉에 장사 지내다.
11. 1 송준길이 청대해 윤문거, 윤원거, 이유태 등을 천거하고 물러나겠다는 송시열의 뜻을 허락하지 말라고 청하다.
12. 1 관학 유생들이 이이와 성혼의 문묘 종사를 청하다.
12. 5 부제학 유계 등이 이이와 성혼의 문묘 종사를 청하다.
12.19 이조 판서 송준길이 송시열을 떠나게

한 세태에 대해 아뢰다.

1660 현종 1년
2.12 약방 부제조 조형이 성상의 편찮음에 송시열의 우려가 갑절을 더할 것이라며 올라와 보았으면 좋겠다고 유지를 내려줄 것을 청하다.
3.16 장령 허목이 상소해 왕대비의 상복을 기년복으로 한 것이 잘못됨을 말하고 3년복을 입어야 한다고 주장하다.
3.21 송준길이 소를 올려 허목의 주장에 반박하다.
4.10 허목이 다시 상소해 송준길의 주장을 비판하고 자신의 주장을 확인하다.
4.16 대신들이 논의하던 중에 원두표가 허목의 주장에 동조하다. 송시열이 기년복제가 옳음을 논증하는 반박 상소를 올리다.
4.18 윤선도가 상소해 허목의 3년설이 옳다고 주장하며 송시열이 적통을 무너뜨리고 있다고 공격하다. 이에 승지들이 예를 논한다는 평계로 마음 씀씀이가 음흉하다고 아뢰자 관작을 삭탈하고 시골로 내쫓으라고 이르다.
4.23 대신들이 대부분 조종의 예를 따르는 게 옳다는 입장을 보이다.(기년복)
4.24 권시가 소를 올려 윤선도를 옹호하다. 신하들의 청에 따라 윤선도의 상소를 불태우다.
4.30 거듭된 신하들의 처벌 요구에 윤선도를 함경도 삼수군에 안치하다.
5. 1 원두표가 3년상에 동의하는 상소를 올리다. 윤휴가 허목에게 보낸 복제 관련 편지에서 왕통을 이으면 장자라고 주장하다.
5. 2 이시백이 졸하다.
5. 3 원두표의 상소를 두고 의논할 때 윤휴가 기회주의적 처신을 보이다.

7.23 영릉의 석물에 틈이 생긴 곳이 많이 발견되다.
9. 4 왕씨 자손들의 소에 의거해 왕건 능 역내의 경작과 무덤 쓰는 일을 금하다.
9. 5 단군, 환인, 환웅의 묘(삼성묘)에 예조 낭관을 보내 제사하게 하다.
12.9 영릉의 석물이 또 허물어지다.

1661 현종 2년

4.21 조경이 상소해 윤선도를 옹호하다.
4.27 중추부 판사 송시열이 서울로 올라오다.
5. 5 대사헌 조수익이 권시와 조경을 옹호하다.
5.13 윤선도의 주장은 구절구절 잘못되었다고 말하다.
5.26 청대한 자리에서 송시열을 선왕을 폄하하는 신하로 매도되는 것에 대해 억울함을 토로하다.
6.13 윤선도가 유배지에서 예설을 지어 자신의 주장을 다시 확인하고 송시열을 공격하자 위리안치하다.
7.19 중추부 영사 이경석이 상소해 송준길의 낙향을 만류하고 송시열을 부를 것을 청하다.
8.20 《효종실록》을 태백산과 오대산 사고에 보관하다.
12. 8 영릉 석물에 또 틈이 생기다.

1662 현종 3년

4.11 청나라 군대가 소운남에 들어가 영력황제(영명왕)를 체포해 명의 대통이 끊겼다는 보고가 있다.
5.16 왕이 청나라 척사와 함께 서연청에 나가 몰래 국경을 넘어 벌목한 의주부 백성과 이를 허용한 혐의로 의주 부윤 이시술을 취조하다.
6.20 부제학 조복양이 널리 구언할 것 없이 양송(송시열과 송준길)과 윤문거 형제 등에게 사람을 보내 대책을 물으면 그 대책이 보통사람보다 나을 것이라 하다.
8. 5 경기도를 시작으로 양전을 실시키로 하다.
9.12 노량 백사장에서 군대를 사열하다.

1663 현종 4년

3.12 호남에 대동법이 실행되다.
4. 2 대사헌 송준길이 중국의 학자인 이통을 문묘에 종사하자고 청하다.
4.13 신하들의 거듭된 문제제기로 궁가의 토지 소유 한도를 대군과 공주는 400결, 왕자와 옹주는 250결로 정하다.
4.19 윤선도를 옹호하는 수찬 홍우원의 상소와 서필원의 반론이 있다.
6. 3 곤장의 크기와 형태, 재질을 바꾸다.
9.30 송준길이 자신은 송시열과 영욕을 같이해야 한다는 내용의 상소를 올리다.
11.9 유황을 사들인 일로 청나라 칙사의 조사를 받다.
12.26 경기도의 균전이 끝나다.

1664 현종 5년

2.26 유계가 졸하다.
6.13 진주사로 다녀온 홍명하가 청국이 우리의 일을 모르는 것이 없다고 아뢰다.
8.12 병자호란 때 열세 살의 나이로 붙잡혀 갔던 백성 안추원이 청나라에서 도망쳐오다.
9.16 광릉에 다녀오는 길에 군사훈련을 실시하다.
10.28 사헌부 집의 이단상이 송시열의 예론을 적극 옹호하고 예우하라는 상소를 올리다.

1665 현종 6년

1.21 전 장령 이무가 상소해 허적을 비판하다.
1.23 이무의 상소가 편을 가르는 경향이 있고 무고한 대신을 공격했다며 관작을 삭탈하고 문외출송하다.
1.26 승지들이 이무를 죄주라는 명을 거두 것을 청하자 해당 승지들을 영원히 서용하지 말라고 명하다.
1.27 정태화가 앞서의 명을 거두어달라고 청하자 지금의 언로는 곧 붕당의 언로라며 거부하다.
2.27 윤선도를 광양으로 이배하다.
4.17 군복 차림으로 온양 온천으로 떠나다.
5.14 환궁하다.
5.15 온천에 다녀온 결과 시력이 회복되고 부스럼도 거의 아물다.
6.12 송준길이 소를 올려 훌륭한 스승을 택해 원자를 보양하라고 청하다.
6.17 송시열, 송준길, 김좌명을 원자 보양관으로 삼다.
9.18 소현세자의 셋째 아들 경안군 이회가 졸하다.
10. 5 좌참찬 송준길이 떠나자 관학 유생들이 만류를 청하다.
10. 7 사헌부 집의 이만기가 후원에서 궁첩, 환시들과 논다는 소문을 아뢰며 경계하다.
12.27 호남 산군의 대동법을 파기하다.

1666 현종 7년

2.21 공조 정랑 김수홍이 윤선도의 주장과 궤를 같이하는 소를 올린 일로 대간의 탄핵을 받아 사판에서 삭제되다. 이후 같은 족당과 친척들까지 발길을 끊다.
3.22 유세철 등 영남 유생 1,000여 명이 연명으로 상소해 복제를 논하며 송시열 등을 공격하다.
3.25 이후 예를 논한다는 걸 빙자해 소요를 일으키면 형벌을 시행하라고 명하다.
3.26 자전을 모시고 온양 온천으로 떠나다.
3.28 청호 앞 들녘에서 수원 군병을 시켜 방진, 원진, 양방진 등을 짓게 하다.

4.18 이유태가 거듭 부르니 나와 전후 이론을 제기한 이들을 배척하며 양송을 옹호하다.

4.26 송준길의 진달에 따라 즉위 이후 여러 궁가가 개간하여 떼어 받은 곳은 모두 본래의 주인에게 돌려주게 하다.

4.30 환궁하다.

5.12 목욕 후 왕대비가 회복된 데 대해 진하를 받고 교서를 반포하다.

7. 8 청나라 칙사가 도망자 문제를 따지는 칙서를 가지고 오다. 앞서 청나라에서 도망해온 안추원이 되돌아가다가 체포되었다. 이에 도망해온 데 대해 보고하지 않고 숨겼다는 혐의를 따진 것이다.

7.17 청나라 칙사가 담당 대신을 사율로 논해야겠다고 으름장을 놓자 왕이 간절히 선처를 청하다.

10.22 전라 암행어사가 전라도의 산읍에서도 모두 대동법을 원한다고 보고하다.

10.23 헨드릭 하멜 등이 일본으로 탈출하자 일본 정부는 그들이 자기네 속국의 일원이라며 자기들에게 공물을 가지고 오는 길이었다고 조선에 따지다.

10.26 호남 산군에 대동법을 다시 실시키로 하다.

12.11 시헌력을 폐하고 다시 대통력을 쓰기로 하다.

12.25 진주사 허적이 돌아오는 길에 도망자 문제에 대한 벌을 은으로 내서 갚는 치욕이 성상에게 미쳤다고 보고하다.

1667 현종 8년

1.22 원자를 왕세자에 책봉하다.

1.29 사헌부 집의 이숙 등이 도망자 문제와 관련해 정태화와 홍명하는 체차하고 허적은 파직하라고 요구하자 이숙 등을 변방으로 유배하라고 명하다.

2.26 관학 유생들이 이숙 등을 변호하고 허적

등을 공격하자 정거조치하다.

2.29 사관이 도망자 문제와 관련된 삼공의 대응과 대간의 공격에 대한 전말을 기록하다.

4.11 세 번째로 온천에 거둥하다.

윤 4.17 윤선도, 이숙 등을 석방하라 명하다.

윤 4.27 홍명하를 영의정에, 허적을 좌의정에 제수하다.

5.11 유학 이석복이 상소해 윤선도를 옹호하다.

6.23 명나라 유민들이 표류해와 그 처리에 대해 논의하다.

7.10 유학 성지선 등이 명나라 유민들을 청국으로 소환하는 일에 반대하는 상소를 올리다.

7.20 붕당의 폐해를 말하다.

8. 7 시헌력으로 8월 15일이던 왕세자의 탄신일을 대통력에 따라 9월 15일로 고치다.

9. 9 청나라 칙사가 와서 강희제가 친정을 시작했다는 내용의 칙서를 반포하다.

10. 3 표류한 명나라 유민들을 청나라로 압송하다.

1668 현종 9년

1. 2 정태화를 다시 영의정에 제수하다.

8.16 네 번째로 온천에 거둥하다.

9.19 함경도의 말과 소 2만여 두가 전염병으로 죽다.

10.13 대사헌 정지화가 양송을 인접하는 것은 10년 동안 책을 읽는 것보다 나으니 자주 만나보시라고 청하다.

10.26 청나라는 우리를 속속들이 아는데, 우리는 저들에 대해 아는 게 없다며 알고자 하다.

10.30 송시열이 선왕의 일을 계승하는 (繼志述事) 일을 아뢰다.

11.18 송시열이 상소해 복수설치의 뜻을 은밀히 드러내다.

11.27 이경석에게 궤장 등을 내리다. 이경석이 궤장 등을 하사받은 일을 그림으로 그리고 송시열에게 기념하는 글을 부탁하자 은근히 비꼬는 내용을 써주다.

12.29 송시열이 태만하며 말 듣기를 싫어하고 백성을 돌보지 않는다는 등 왕을 강력히 비판하는 소를 올리다.

1669 현종 10년

1. 4 송시열이 정릉의 복원과 부모, 동성 간의 혼인 금지 등을 청하다.

1. 5 양송이 경연에서 을사년에 억울하게 죽은 이들을 중직하고 단종을 거두어 장사 지낸 엄호도의 자손을 녹용할 것을 청하다.

1.17 송시열이 훈련도감을 개혁할 것을 청하다.

2. 5 조경이 졸하다.

3.15 왕대비가 중전, 네 공주와 함께 온양 온천으로 가다.(5차)

4. 3 이경석이 상소해 행궁에 달려와 문안하는 신하가 없는 세태를 말하다.

4.14 이경석의 상소에 대해 송시열이 이는 자신을 지목한 것이라며 이경석을 기롱하다. 이 일로 인해 지난번 궤장을 하사받았을 때 송시열이 써준 글도 사실 기롱의 의미였음이 드러나다.

8. 5 중추부 영사 이경석과 영의정 정태화가 2품 이상의 신하들을 거느리고 신덕왕후를 종묘에 모시기를 거듭 청하니 따르다.

10. 1 신덕왕후를 종묘에 모시다.

11.17 오른쪽 턱에 난 종기를 침으로 따자 한 되가량의 고름이 나오다.

1670 현종 11년

윤 2.26 남별전의 세종대왕 영정을 보수하다.

3. 5 좌참찬 송준길이 올라와 어미의 잔치를 빌미로 뇌물성 선물을 받아 죄받게 된 김징을

위해 변론하다.
4.10 김징의 죄를 논할 때 허적 등 대부분의 대신이 죄가 있다는 의견을 밝혔으나 송준길이 다시 한 번 강력하게 변론해서 약한 벌로 결정되다.
8.17 황해도에서 한 달 동안 우역으로 소 2,600여 두가 죽다.
9. 2 경상도 곳곳에 명화적이 들끓다.
10. 3 전라도의 진휼책으로 50석의 쌀을 바치면 면천시켜주기로 하다.
12. 3 김좌명이 화폐 사용을 청하니 허락하다.

1671 현종 12년

2. 6 기근이 매우 심해 저축이 바닥나자 노직과 증직, 영직의 첩문(명예 관직들)을 만들어 각 도에 보내서 곡식을 모으게 하다.
2.20 동지사로 갔던 복선군 이남이 황제로부터 '너희 나라 백성이 다 굶어죽게 되었는데, 이는 신하가 강한 때문이라 한다. 돌아가 왕에게 전해라.'라는 말을 들었다고 아뢰다.
2.29 굶어죽고, 전염병으로 죽는 것의 참혹함이 임진년 병화보다 더하다는 노인들의 말을 기록하다.
4.29 이달에 보고된 전국의 아사자와 병사자 수가 1만여 명에 이르다.
5.29 이달에 보고된 전국의 아사자와 병사자 수가 1만 3,420여 명에 이르고, 이 가운데 서울에서 사망한 이가 3,120여 명에 이르다.
6. 1 서필원이 청나라에 식량 원조를 청하자고 제의했으나 허적 등이 반대하여 기각되다.
6.18 소를 두고 굶어죽는 일이 없도록 소 도살 금지령을 완화하다.
6.30 이달에 보고된 전국의 아사자와 병사자 수가 1만 7,490여 명에 이르다. 도둑들의 약탈과 살해가 극심하다. 윤선도가 졸하다.

8. 8 관상감의 건의에 따라 왕세자의 탄일을 다시 8월 15일로 하다.
8.30 이달에 보고된 전국의 아사자와 병사자 수가 1만 5,830여 명에 이르다.
9.14 암행어사를 보내 전국의 진휼 상황을 살피게 하다.
9.30 방치된 도성 근처의 주검 6,969구를 승군 등을 징발해 묻게 하고, 단을 설치해 제사지내주다.
10.29 이달에 들어 전염병이 다소 가라앉다.
11.25 왜관에 불이 나 쌀 200석, 무명 10동을 구호품으로 주다.
11.26 아산현에 해일이 일어 민가 100여 호가 가라앉다.
12. 6 허적을 탄핵한 헌납 윤경교를 의령 현감으로 보내다.

1672 현종 13년

1.12 국경을 넘는 자를 처벌하고, 주동자는 참하기로 하다.
1.24 권시가 졸하다.
4.11 서울의 주인 없는 시체 3,600여 구를 10리 밖에 옮겨 묻다.
4.17 송준길이 윤경교를 신구하는 소를 올렸으나 답하지 않다.
5.11 사헌부 집의 이상이 송준길을 극찬하고 허적을 역적에 비유하는 소를 올리다.
5.19 이상이 산림 선비에 몸을 기대 당론만 일삼고 있다며 관직을 삭탈하다.
6. 9 송시열이 허적을 비꼬는 소를 올렸으나 답하지 않다.
7. 2 도승지 이은상, 좌의정 김수항이 송준길의 병을 말하며 위로를 청했으나 답하지 않다.
7.20 송시열의 상소에 뒤늦게 비꼬는 듯한 비답을 내리다.
윤 7.11 지평 조창기가 6조목의 소를 올리다.

12. 5 송준길이 졸하다.

1673 현종 14년

3.24 이익수가 소를 올려 영릉이 지난 15년 동안 수리하지 않은 때가 없었다며 근본적인 대책이 필요하다고 역설하다.
5. 5 영릉의 천장을 결정하다.
7.26 허적을 영의정에, 송시열을 좌의정에 제수하다.
9.12 김만중이 허적을 탄핵하자 심문하게 하다.
10. 8 정태화가 졸하다.
10.12 송시열의 상소에 싸늘하게 비답하다.
10.19 왜관을 옮겨달라고 줄기차게 요구해왔는데 이때에 이르러 초량항으로 옮기도록 허락하다.

1674 현종 15년

2.23 효숙대비(인선왕후)가 승하하다.
2.27 예조가 전날 대왕대비(자의대비)의 상복을 기년복으로 재가받았다가 대공복으로 고치는 표지를 붙여 올리다.
3. 2 사은사 김수항이 오삼계의 반란 등 청나라의 상황을 보고하다.
4.26 김수흥을 영의정에, 정지화를 좌의정에, 이완을 우의정에 각각 제수하다.
6.14 우의정 이완이 졸하다.
7. 1 윤휴가 북벌을 주장하는 밀봉 상소를 올리다.
7.10 허적이 서울을 떠나다.
7.11 홍문관에서 천하지도를 올리다.
7.13 대사헌 강백년이 소를 올려 300년 동안 선비를 후하게 대해왔는데 이제 와서 군포를 징수해서는 안 된다고 주장하다. 이에 논의에 부치자 대부분이 동조하다. 대왕대비의 상복을 대공복으로 고친 이유를 묻고 기해년의 일을 상고해 아뢰라 하다.

7.14 자신은 기해년의 경우 국제에 따랐을 뿐, 효종을 중자로 생각해서 기년복을 선택한 게 아니라고 항변하며 신하들의 이중적 잣대와 왕에게 박하게 구는 태도를 문제 삼다.
7.15 기년복으로 고치도록 명하고 예조 판서 조형 이하는 하옥하다.
7.16 영의정 김수흥을 춘천에 유배하다.
7.26 허적을 영의정에, 김수항을 좌의정에, 정지화를 우의정에 각기 제수하다.
8. 8 몸이 불덩이 같다.
8.13 승지를 보내서 허적을 올라오게 하다.
8.17 허적을 인견하다.
8.18 왕이 승하하다.

조선과 세계

	조선사		세계사
1649	효종 즉위		영국, 공화정 수립
1650	김육, 대동법 전국 실시 주장		영국, 크롬웰, 스코틀랜드군 격파
1651	호서에 대동법 시행		영국, 항해조례 발표
1652	어영군 정예화		네덜란드, 희망봉에 식민지 개척 시작
1653	하멜 일행이 제주도에 상륙		인도, 타지마할 완공
1654	변급, 나선 정벌		영국, 네덜란드와의 전쟁 종결로 해상 제패
1655	하멜 일행 30인을 훈련도감에 예속		스웨덴, 바르샤바 점령
1656	서변의 옥		네덜란드, 포르투갈로부터 스리랑카 빼앗음
1657	《선조수정실록》 완성		남명, 손가망 청에 항복
1658	김육 사망		스웨덴, 코펜하겐 포위
1659	효종 사망, 현종 즉위		프랑스·에스파냐, 피레네조약 체결
1660	남인과 서인 간에 예론 시비		영국, 찰스 2세 즉위
1661	《효종실록》 편찬		러시아·스웨덴, 카르디스조약 체결
1662	현종, 창덕궁으로 옮김		영국, 보일의 법칙 발표
1663	호남에 대동법 시행		청, 과거에 팔고문 사용을 정지
1664	서필원, 상소하여 송시열을 배척		영국, 뉴암스테르담을 점령하고 뉴욕으로 개칭
1665	윤선도, 광양으로 이배		영국, 뉴턴, 만유인력의 법칙 발견
1666	하멜 일행이 일본으로 도망		영국, 런던 대화재
1667	명나라 유민들 표류		영국, 존 밀턴,《실낙원》 발표
1668	송시열, 왕을 비판하는 상소 올림		네덜란드, 하멜,《하멜표류기》 지음
1669	송시열, 동성(同姓) 혼인 금지 청함		포르투갈, 브라질 마나우스 지역에 요새 건설
1670	경신대기근		프랑스, 루이 14세, 영국 찰스 2세와 도버조약 체결
1671	황해도에 우역 유행		신성로마제국, 헝가리의 반란 제압
1672	송준길 사망		프랑스, 루이 14세, 네덜란드 침략
1673	영릉을 여주로 천장		청, 삼번의 난 발생
1674	현종 사망		인도, 마라타왕국 성립

The Veritable Records of the Joseon Dynasty

In the Joseon Dynasty, there were always officials who followed and monitored the king. They slept in the room adjacent to where the king slept, and they attended every meeting the king held. The king could not go hunting or meet a person secretly without these officials being present.

These officials were called 'Sagwan,' and they observed and recorded all details of daily events involving the king in turns, things that the king said, and things that happened to him. The drafts created by them were called 'Sacho.' Even the king himself was not allowed to read those drafts, and the compilation process only began after the king's death.

When the king passed away, the highest ranking governmental official would be appointed as the chief historical compiler. A research team would collect all the drafts and relevant supporting materials, select important records with historical significance, and organize them in a chronological order. The finished product was usually called 'Sillok,' which means veritable records.

The Veritable Records of the Joseon Dynasty features a most magnificent scale, as it is a record of all the events that occurred over 472 years, from the reign of King Taejo to the reign of the 25th King Cheoljong (1392~1863). It consists of 1,893 volumes and 888 books (total of 64 million Chinese characters). It was registered as a World Cultural Heritage in Records, by UNESCO in 1997.

Source: A Korean History for International Readers, Humanist, 2010.

Summary
The Veritable Records of King Hyojong and Hyeonjong

A Weak Throne with Strong Subjects

Hyojong was the second son of Injo. In the aftermath of the treaty between Joseon and Qing, Hyojong and his elder brother Crown Prince Sohyeon were taken to Shenyang Province where they stayed as hostages for eight years. After Sohyeon's sudden death upon his return to Joseon, Hyojong was appointed crown prince; then, at age 31 Hyojong ascended to the throne after the death of Injo.

Due to his feelings of illegitimacy, Hyojong purged a vast number of pro-Qing governmental figures, including Kim Jajeom, in order to establish ties with the Hermit Confucian Intellectuals, called the Sallim(or Sandang). Even though, as a realist, Hyojong was well aware that the Northern Expeditions(Conquering Qing) would never come to fruition, he pushed forward the policy in order to gain support from the Sarim. Despite his attempts to become a wise monarch, Hyojong died suddenly at the age of 41.

Hyojong's reign was followed by his oldest son, Hyeonjong, who was dedicated to politics and skilled in rhetoric. However, immediately after being crowned, Hyeonjong was ensnared in the Yesong Controversy with factions splitting according to their different approaches to royal court manners, a chasm which deepened when the debate spread to other regions. The controversy led to factious strife, and factious strife led to tragic ends.

With continued external pressure from the Qing Empire, the people of Joseon suffered under heavy taxation, harsh military duties, and the exploitation of the royal family and the ruling class. In the final years of Hyeonjong's reign, famine and epidemics ravished the country, further undermining the dynasty. During this period, there was no resolution to either the Yesong Controversy or factious strife of the Confucian literati.

세계기록유산, 《조선왕조실록》

《조선왕조실록》이란?

　　《조선왕조실록》은 국보 제151호이자 유네스코 세계기록유산(1997년 지정)으로 조선 건국에서부터 철종까지 472년간을 편년체로 서술한 역사 기록물이다. 총 1,893권, 888책이며, 한글로 번역할 경우 300여 쪽의 단행본 400권을 훌쩍 넘는 분량이다. 철종 이후의 기록인 《고종실록》과 《순종실록》도 있으나 이것은 일본의 지배하에 편찬된 터라 통상 《조선왕조실록》으로 분류하지 않는다. 《단종실록》, 《연산군일기》, 《선조실록》, 《철종실록》처럼 기록이 부실한 경우도 있는데 정변이나 전쟁, 세도정치라는 시대 상황이 낳은 결과이다. 또한 《선조수정실록》, 《현종개수실록》, 《숙종실록보궐정오》, 《경종수정실록》처럼 뒷날에 집권한 당파의 요구에 의해 새로 편찬된 경우도 있다. 하지만 원본인 《선조실록》, 《현종실록》, 《숙종실록》, 《경종실록》을 폐기하지 않고 함께 보존함으로써 당대를 더욱 정확히 알게 해준다. 이렇듯 《조선왕조실록》은 그 기록의 풍부함과 엄정함에 더해 놀라운 기록 보존 정신까지 보여주는 우리 선조들의 위대한 유산이다.

《조선왕조실록》은 어떻게 기록되었나?

　　조선은 왕이 사관이 없는 자리에서 관리를 만나는 것을 엄격히 금지했다. 또한 왕은 원칙적으로 사관의 기록(사초)을 볼 수 없었다. 신하들도 마찬가지여서 실록청 담당관을 제외하고는 누구도 볼 수 없었다. 그래서 사관들은 왕이나 권력자의 눈치를 보지 않고 보고 들은 일들을 있는 그대로 기록할 수 있었다. 왕이 죽으면 실록청이 만들어지고 모든 사관의 사초가 제출된다. 여기에 여타 관청의 기록까지 참조하여 실록이 편찬된다. 해당 실록이 완성되고 나면 사초는 모두 물에 씻겨졌다(세초). 이렇게 만들어진 실록은 여러 곳의 사고에 나누어 보관되는데, 이 또한 후대 왕은 물론 신하들도 열람할 수 없도록 했다. 선대의 왕들에 대한 기록이나 평가로 인해 필화 사건이 생기지 않도록 한 것이다. 이 같은 원칙들이 철저히 지켜졌기에 《조선왕조실록》이 오늘날까지 존재할 수 있었다.

도움을 받은 책들

《국역 조선왕조실록 CD-ROM》, 서울시스템주식회사, 1995.
고려대 민족문화연구원 한국사상연구소 편, 《자료와 해설 한국의 철학사상》, 예문서원, 2002.
김경수, 《'언론'이 조선왕조 500년을 일구었다》, 가람기획, 2000.
김문식 · 김정호, 《조선의 왕세자 교육》, 김영사, 2003.
김희영, 《이야기 중국사》, 청아출판사 1996.
민승기, 《조선의 무기와 갑옷》, 가람기획, 2004.
박덕규 편저, 《중국 역사 이야기》 13, 일송북, 2006.
박덕규 편저, 《중국 역사 이야기》 14, 일송북, 2006.
박영규, 《조선의 왕실과 외척》, 김영사, 2003.
박영규, 《한 권으로 읽는 조선왕조실록》, 들녘, 1996.
신명호, 《조선왕비실록》, 역사의 아침, 2007.
신명호, 《조선의 왕》, 가람기획, 1998.
윤국일 옮김, 《신편 경국대전》, 신서원, 1998.
윤정란, 《조선의 왕비》, 차림, 1999.
이덕일, 《송시열과 그들의 나라》, 김영사, 2000.
이덕일, 《조선왕 독살사건》, 다산초당, 2005.
이성무, 《조선시대 당쟁사》 1, 동방미디어, 2002.
이성무, 《조선왕조사》 1, 동방미디어, 1998.
이이화, 《이야기 인물 한국사》 5, 한길사 1993.
이이화, 《이이화의 한국사 이야기》 13, 한길사, 2001.
장영훈, 《왕릉풍수와 조선의 역사》, 대원미디어, 2000.
최범서, 《야사로 보는 조선의 역사》 2, 가람기획, 2004.
한국고문서학회, 《조선시대 생활사》, 역사비평사, 1996.
한국생활사박물관 편찬위원회, 《한국생활사박물관》 9, 사계절, 2003.
홍순민, 《우리 궁궐 이야기》, 청년사, 2002.
그리고 독자 임성민 님이 보내주신 여러 논문

박시백의 조선왕조실록 13 효종·현종실록

1판 1쇄 발행일 2009년 1월 21일
2판 1쇄 발행일 2015년 6월 22일
3판 1쇄 발행일 2021년 3월 15일
4판 1쇄 발행일 2024년 6월 24일

지은이 박시백

발행인 김학원
발행처 (주)휴머니스트출판그룹
출판등록 제313-2007-000007호(2007년 1월 5일)
주소 (03991) 서울시 마포구 동교로23길 76(연남동)
전화 02-335-4422 **팩스** 02-334-3427
저자·독자 서비스 humanist@humanistbooks.com
홈페이지 www.humanistbooks.com
유튜브 youtube.com/user/humanistma **포스트** post.naver.com/hmcv
페이스북 facebook.com/hmcv2001 **인스타그램** @humanist_insta

편집주간 황서현 **편집** 최인영 박나영 강창훈 김선경 이영란 **디자인** 김태형 **사진** 권태균 **영문 초록** 김단비
번역 감수 김동택 David Elkins **조판** 프린웍스 **용지** 화인페이퍼 **인쇄** 삼조인쇄 **제본** 해피문화사

ⓒ 박시백, 2024

ISBN 979-11-7087-175-0 07910
ISBN 979-11-7087-162-0 07910(세트)

• 이 책은 저작권법에 따라 보호받는 저작물이므로 무단 전재와 무단 복제를 금합니다.
• 이 책의 전부 또는 일부를 이용하려면 반드시 저자와 (주)휴머니스트출판그룹의 동의를 받아야 합니다.

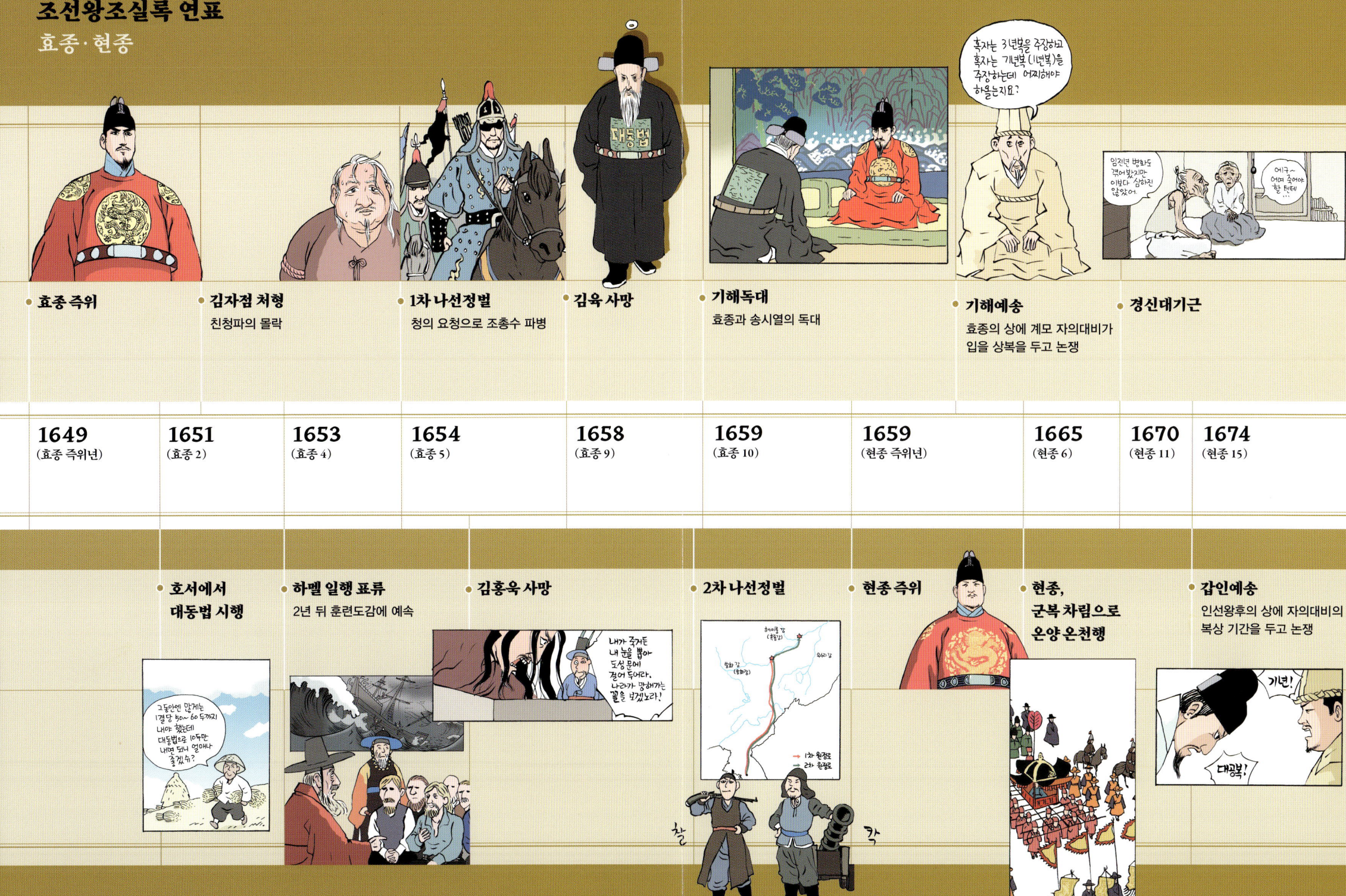

조선왕조실록 가계도 및 주요 인물
효종·현종

( ) 이름, 재위년 생몰년 ━━━ 배우자 | 직계

16대 인조 ━━━ 인열왕후 한씨 ━━━ 장렬왕후 조씨 (자의대비)

17대 효종孝宗
(호湖, 1649~1659, 1619~1659)

인선왕후 장씨 1618~1674

안빈 이씨 ?~1693

18대 현종顯宗
(연棩, 1659~1674, 1641~1674)

명성왕후 김씨 1642~1683

세자 순(19대 숙종)
명선공주
명혜공주
명안공주

숙녕옹주

숙신공주
숙안공주
숙명공주
숙휘공주
숙정공주
숙경공주

김자점
친청파의 수장

산당의 수장

송시열   송준길